JN088591

ise in
Designing
Workshops
and the
Direction of
Human
Resources
Development

ワークショップデザインにおける 熟達と実践者の育成

第2版
Second Edition

--- →

森 玲 奈
MORI Reina

ひつじ書房

目　次

はじめに

0.1　本書の視座

生涯学習と学習観

　1965 年のユネスコの第三回成人教育推進国際委員会で、ポール・ラングラン（Paul Lengrand）は「生涯教育（lifelong integrated education）」を提起した。この理念は、現在日本で展開されている生涯学習政策の起源とも言える（松岡 2003）。

　OECD（2011）では、フォーマルな学習（Formal Learning）、ノンフォーマル学習（Nonformal Learning）、インフォーマル学習（Informal Learning）という分類がなされている（図 0.1）。

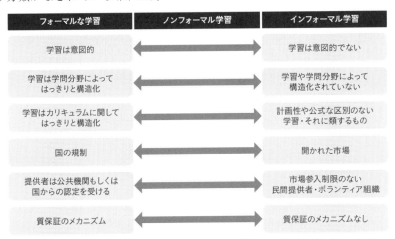

図 0.1　フォーマルな学習からインフォーマル学習への連続体（OECD 2011）

　生涯学習の概念が社会に浸透するにつれ、学習観自体も変化している。学習心理学では行動主義から社会構成主義へのパラダイム転換が起きた。旧来の学校教育／学校外教育という教育的な枠組みを越え、「生涯学習」として捉え直していくことで、学び続ける人間とそれに対する新しい学習環境のデザインが、着々と模索され始めているのである。

　日本においても、生涯学習を取り巻く様相は 1980 年代以後大きく変わった。第二次世界大戦後社会教育の中心施設であった公民館・図書館・博物館の役割は大きく変化した。一方、学校教育も改革を迫られ、学校の内と外という枠組みが取り払われつつある。とくに 1990 年代以降、「開かれた学校」「ゆとりの教育」「生きる力を育む」等のキーワードのもと、従来の学校イメージの転換をはかる施策が進められてきた。現在では、学校週 5 日制の導入や総合的な学習の時間などのカリキュラム改変をはじめ、奉仕活動・体験活動の充実、あるいは学習支援ボランティアの導入などがなされており、生涯学習社会に向け、21 世紀に入り「学社融合」という視点も重視されつつある。

生涯学習とワークショップ

　生涯学習時代の出現とともに、「ワークショップ」という名称の活動形態が注目され始めた[1]。実践が行われてきた領域は、演劇教育、開発教育、まちづくり、カウンセリング、ミュージアム教育をはじめ多岐に渡る。毎年開催される実践は数え切れない。これについて、錦澤(2001)は、表題に「ワークショップ」という言葉が含まれた研究論文件数の国内における推移を調査し、1970 年代をワークショップの萌芽期、1980 年代を展開期、1990 年代を普及期と位置づけている。20 世紀末には新奇な言葉だったワークショップが、21 世紀に入り日常に定着した、という指摘もある(真壁 2008)。ワークショップは、日本の戦後社会教育において一定の意義を有してきたと言える。

　そもそも、「ワークショップ」とは一体どのようなものなのであろうか。「ワークショップ」の語源は、"workshop" である。すなわち、工房、作業場を意味する言葉から派生するものである(e.g. 中野 2001)。そのため、「ワー

クショップ」には、学習を促す手法であるとともに、その過程において「創る」活動があるというニュアンスが含まれている。

　例えば、中野(2001)はワークショップについて「講義など一方的な知識伝達のスタイルではなく、参加者が自ら参加・体験して共同で何かを学びあったり、創り出したりする学びと創造のスタイル」と定義している。ここからも、ワークショップにおいて、学習と創造とは切り離せないものとして扱われてきたことが伺える。図0.2は、現在実践されているワークショップを分類したものである[2]。この図からもわかる通り、現代においてワークショップは様々な形で使われるようになっている。そのため、領域によって、活動の形態には一見すると違いがあるようにも見える。しかしながら、これらの活動が全て「ワークショップ」という呼称を用いて実践されてきたことには、強いメッセージが含まれていると感じざるを得ない。

　筆者は、ワークショップには領域を越えて「創る活動」と「学ぶ活動」が含まれていると考えている。新しいものを創ること、その過程には試行錯誤があり、それこそがワークショップにおける学習である。すなわち、ワークショップは、生涯学習社会における新しい学習方法として捉えることができる。

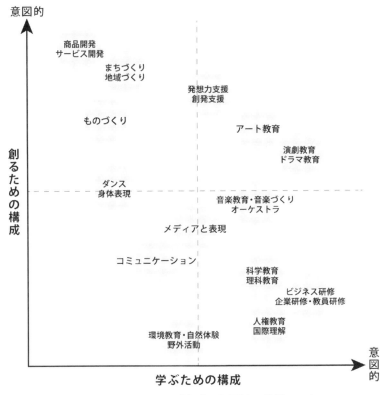

図 0.2　ワークショップ実践の分類（森・北村 2013）

　図 0.3 は、筆者らが企画した、多世代型ワークショップ[3]の実施風景である。このワークショップは身体表現と造形活動を組み合わせた構成になっており、大人と子どもが協働で取り組むことのできる活動であった。この事例のように、ワークショップは乳幼児から高齢者まで、様々な世代、様々なバックグラウンドの人を対象者にできる可能性がある。グローバル化する現代、また、超高齢化社会を迎えつつある日本において避けられない課題には、異文化交流、異世代交流がある。この課題を含め、ワークショップの実践フィールドは、今後も拡張していくと考えられる。

図 0.3　多世代型ワークショップの実施風景（撮影：金田幸三）

ワークショップ実践者の育成

　一方、実践の拡がりに人材育成が追いついていないという言説は、既に2000年代から見られる（e.g. 新藤 2004）。日本のワークショップ実践は、萌芽期・普及期の実践者が経験を積み上げてきたとともに、2000年代以降、新しい実践者が生まれ育つという、「転換期」を迎えた。実践者育成に向けた方法の模索に向けた研究を行っていくことが急務である。

　しかしながら、ワークショップ実践者の育成に向けた研究は少なく[4]（e.g. 上田ほか 2006）、方法が確立しているとは言い難い（上田・森 2005）[5]。実践の行われる領域は、多岐に渡り、毎年開催される実践は数え切れない。ワークショップは、日本の戦後社会教育において一定の意義を有してきたと言えるが、一方で、領域を越えた実践知の共有は困難だったのである。

　昨今ではワークショップの企画・運営について学習できる一般向けの研修や講習も行われている。例えば、プログラム型で実践者育成を行っている事例に、「ワークショップデザイナー育成プログラム[6]」がある。青山学院大学と大阪大学、鳥取大学が連携して社会人の学び直しとキャリア形成として

実践者育成に取り組み始めた。これらワークショップデザイナー育成プログラムは、学校教育法に基づく履修証明制度の対象として位置づけられている。カリキュラムにはeラーニングと実践活動が取り入れられている（苅宿2012a）。このカリキュラムには経験を重ねた複数の実践者の知恵が生かされており、2023 年度には約 3,000 人の卒業生を輩出したとのことである[7]。今後の展開が一層期待される。

　しかし、実践者自身の持つ学習経験やキャリアが多様化する中、個々に対応した細やかな支援を行っていくための方法論が、十分に議論されてきたとは言い難い。なぜならば、これまで、日本におけるワークショップ実践者の歩みについて包括的に扱った研究が無いからである。また、現場を通じて成長するワークショップ実践者自身の学習過程について、実証研究をベースとした検討もなされて来なかった。ワークショップ実践者が自身の経験をどのようにそれぞれの実践に生かしていくか、それをどのように支援することができるか。人材育成に取り組むためには、実践者の学び、すなわち、「ワークショップデザインにおける熟達」について考える必要がある。

0.2　本書の目的

　本書の目的は、ワークショップ実践者のデザインにおける熟達を明らかにし、実践者育成に向けた学習環境デザインの指針を提案することである。

0.3　本書の構成

　第 1 章では、本研究における社会的背景と理論的背景について言及する。はじめに、第二次世界大戦後の日本においてワークショップが注目されるようになった経緯を述べる。実践の歴史を辿りながら、ワークショップはどのように生まれ、どのようにして日本に移入され発展してきたのかを概観するとともに、実践者育成に関する実証的な知見が未だ乏しいことを指摘する。

　次に、本研究の理論的背景について述べる。ワークショップデザイン研究

についてまとめ、ワークショップ研究においてワークショップをデザインする「実践者」に焦点を当てた研究がなされてこなかったことを指摘する。さらに、ワークショップ実践者の熟達に着眼した研究を行っていく上で参照すべき隣接領域を検討し、知見を整理することで、研究課題を導出する。

第 2 章では、ワークショップ実践者の育成支援を考えるアプローチを考えるため、関連すると考えられる他専門職における研究をレビューする。その上で、先行研究における研究方法を参考にしながら、ワークショップ実践者がワークショップ実践を行う上での専門性についてどのような認識を持っているかを明らかにするための、インタビュー調査および質問紙調査を行った。これにより今後実践者育成に向けてどのような知見が必要か、問題提起する。

第 3 章・第 4 章では、Schön(1987)の「省察的実践者」という専門家を捉える枠組みを用い、(1)省察的実践者の「技 (artistry)」の解明に関する研究、(2)省察的実践者の「行為の中の省察(reflection in action)」を明らかにする研究、という 2 つの観点で、ワークショップデザインにおける熟達過程に関して実証研究を行う。

第 3 章では、省察的実践者の「技(artistry)」を解明するという視点で、ワークショップのデザイン過程におけるベテラン実践者の特徴的思考を明らかにすることを目的とした実験を行う。

第 4 章では、省察的実践者の「行為の中の省察(reflection in action)」を明らかにするという視点に立つ調査研究を行う。ワークショップ実践者のデザインの方法が変容した契機に着眼し、実践者がデザインにおいて熟達する過程を明らかにする。

第 5 章では、第 2 章での知見とも照らし合わせつつ、第 3 章・第 4 章での熟達化研究の結果を再検討する。そして、ワークショップ実践者育成における課題とワークショップ実践者の育成に向けた提言を行う。

第 6 章では、第 5 章の知見を受けて展開した高齢者対象のワークショップ実践者育成に関するアクションリサーチを紹介する。このアクションリサーチは東京都日野市にある百草団地住民と帝京大学八王子キャンパスを繋ぐもので、2014 年から開始され、形を変えながら現在も継続されているものである。

0.4　本書の用語

　本書で用いる用語について、概念の整理を行う。

ワークショップ

　これまでのワークショップの定義や実践の系譜を参照し、本書では、ワークショップを「他者との相互作用の中で何かを創りながら学ぶ学校外での参加型学習活動」と定義する。該当するワークショップのテーマとしては、(1)ものづくり、(2)アート教育、(3)メディアと表現、(4)コミュニケーション、(5)商品開発・サービス開発、(6)まちづくり・地域づくり、(7)発想力支援・創発支援、(8)ビジネス研修・企業研修・教員研修、(9)人権教育・国際理解、(10)演劇教育・ドラマ教育、(11)ダンス・身体表現、(12)科学教育・理科教育、(13)音楽教育・音楽づくり・オーケストラ関連、(14)環境教育・自然体験・野外活動、などが想定できる。

ワークショップ実践者

　本研究では、「ワークショップの企画、または運営に従事する人」を「ワークショップ実践者」と呼ぶ。参加者としてではなく企画、または運営に関わった時点を起点に、ワークショップ実践者の実践歴が開始されたとみなす。

ワークショップデザイン

　ワークショップのプログラムを企画することについては、海外ではWorkshop planning と書かれた先行研究がある。しかし、それらはプログラムそのものについてのみ触れられている。

　国内では、堀・加藤(2008)が「チーム(グループ)とプログラムを事前に設計する行為」を「ワークショップ・デザイン」と呼んでいる。これに付随し、堀らは、チーム(グループ)について、適切な人数、目的にあう人が誰か、情報や意見の多様性確保といった「人」に関するデザインだけではなく、その「器」となる環境の重要性も指摘している。つまり、「ワークショップ・

デザイン」では、単にプログラムを企画するだけではなく、プログラムに関連しグルーピングや、人工物、空間への配慮といった、「学習環境デザイン」を行うことが意図されているのである。

　ワークショップのプログラムは、運営と切り離して考えにくい部分があり、直前や実施中にも即時的に改変されていくことが多々ある。しかしながら、本研究では、実践者育成に向けた課題の導出を目的とするため、実践の核となると考えられるプログラムの企画から研究を進める。

　そこで、本研究では「ワークショップのプログラムを企画し、それに付随する学習環境デザインを行うこと」を「ワークショップデザイン」として定義する。

熟達化

　ワークショップデザインは、「ワークショップのプログラムを企画し、それに付随する学習環境デザインを行うこと」であるため、そのこと自体が非常に創造的活動だと言える。そこで、本研究では、ワークショップ実践者を、創造的活動の従事者と捉え、創造的活動における熟達化研究を、研究の背景として参照する。

　一般に、芸術や科学者などの熟達者になるためには、長い訓練期間が必要であると言われている（Sternberg & Ben-Zeev 2001）[8]。その期間の目安として、Simon & Chase（1973）は「10年ルール」という言葉を用いる。すなわち、熟達者にはキャリアのための課題にかける時間（time on task）が必要であり、訓練に必要な時間はおおよそ2,000時間、との指摘である。

　だが、時間をかければ誰もが必ず熟達するのではない（Ericsson 1996）。熟達化研究から人材育成を考える際、この点に注意が必要である。岡田（2005）によれば、創造的活動の熟達化においては、（1）才能の役割、（2）内発的動機づけ、（3）課題にかける時間、（4）よく考えられた練習、（5）知識の構造化のための方略、（6）社会的サポート（良い教師やメンターの存在）、（7）社会的刺激、といった要素が関係しているという。さらに、熟達者が知識の構造化を行って理論生成をするためには、何らかのストラテジーが必要だとし、その

1つとして自己説明（self-explanation）[9]が注目されている（岡田 2005）。岡田は、この自己説明を行うという活動が、「自分なりの理論」を構築していくための基礎的プロセスであると指摘している。

なお、熟達化によって獲得されることに関して、これまでの研究では大きく分けて2つの側面が指摘されている（岡田 2005）。

1つの側面は、構造化・体系化された領域知識の獲得である（Glaser & Chi 1988；Richman, Gobet, Staszewski & Simon 1996）。ある領域に対し、適切に構造化された知識（宣言的・手続的知識）は、その領域における問題解決活動を促進することが示されている。構造化された知識の保有は、課題に関する記憶能力の向上、多様なストラテジーの使い分け、適切な課題表象の獲得を可能にするのである（岡田 2005）。もう1つの側面は、メタ認知能力である（Glaser & Chi 1988）。メタ認知能力とは、モニタリングとコントロールの過程からなるとされている（三宮 1996）。

本研究では、これら熟達化に関する知見を基盤にしながら、ワークショップデザイン独自の熟達過程について明らかにする。

0.5　第2版刊行にあたって

本書はワークショップデザインにおける熟達と実践者の育成に関する知見をまとめたものであり、第2版となる。基本的な内容は初版から変更していないが、第6章に最新の実践知見を加えたほか、文章・図版の総合的な見直し・変更を行った。追加した第6章は、具体的なワークショップデザインと実践者育成に関するアクションリサーチ研究となっている。

初版の2015年から多くの方に読んでいただけたこと、第2版を刊行することができたことに感謝している。

2024年3月

森玲奈

はじめに

ワークショップ実践者育成を考える上で、ワークショップ実践者そのものに着眼した知見が欠如している。
ワークショップ実践者の熟達過程を明らかにし、実践者育成に向けた学習環境デザインの指針を提案する。

第1章　ワークショップ実践の系譜とワークショップ研究

(1) 社会的背景（海外におけるワークショップ実践の系譜・日本におけるワークショップ実践の系譜）
(2) 理論的背景（ワークショップデザイン研究・教育の専門職における研究・教育以外の専門職における熟達）
→ワークショップ実践者の専門性に対して探索的な研究が必要

第2章　ワークショップ実践者の専門性に関する調査

(1) 実践歴によって、実践者のワークショップ経験（立場や役割およびジャンルに関する経験の多様性）に
　　差異がある
(2) 実践歴によって、実践者がワークショップデザインについて重要だと考えていることが異なる
→ワークショップ実践者の専門性に対して探索的な研究が必要

第3章　ワークショップデザインに おける思考過程

ベテラン実践者のデザイン時における思考過程には
共通の流れがあるほか、共通する特徴が 5 つある
ことが明らかになった。
さらに、ベテラン実践者には経験に裏づけられた
「個人レベルの実践論」があることが示唆された。

第4章　ワークショップデザインに おける熟達の契機

ワークショップ実践者がデザインにおいて熟達化する
過程では、（1）実践者としての原点、（2）葛藤状況
とブレイクスルー、（3）他者との関係構築への積極性、
（4）個人レベルの実践論の構築という 4 つの要素が
関わり合っていることがわかった。

第5章　ワークショップ実践者の育成に関する課題と提言

ワークショップ実践者のデザインにおける熟達化研究の知見をまとめた。その上で、隣接領域における熟達化研究と
照らしつつ、ワークショップ実践者育成を考えていく上での視点を検討した。
その結果、（1）個人レベルの実践論の構築、（2）デザインモデルの共有と伝達、（3）自己の学習経験に対する内省
の促進、（4）他実践者からの学習、（5）専門家としてのアイデンティティの形成、という 5 つの論点を導出した。

第6章　ワークショップデザインと実践者育成のアクションリサーチ

具体的なワークショップデザインと実践者育成のアクションリサーチ研究を紹介する。
本研究は東京都日野市にある百草団地ふれあいサロンを中心に 2014 年から行った。
結果としてステイクホルダーが自主的に課題を発見しワークショップデザインできるようになった。

おわりに

個人レベル（ミクロレベル）、実践者コミュニティレベル（メゾレベル）、実践者を含めた社会レベル
（マクロレベル）、の三層から学習環境デザインを考えていく必要がある。（今後の課題）

図 0.4　本書の構成

注

1 日本におけるワークショップの普及は近年目覚ましい。成人向けだけでなく子ども向けのワークショップ実践も多く行われている。文部科学省では平成 22 年度から、コミュニケーション能力の育成を図るため、芸術家等を学校に派遣し芸術表現体験活動を取り入れたワークショップ型の授業を展開する事業が実施されている(コミュニケーション教育推進会議 2011)。

2 この図は、ワークショップデザインについて「学ぶための構成」と「創るための構成」という点に着眼し、それぞれについて実践者の意図がどのくらい関わっているかを元に領域名を配している。分類は森(2013c)において、120 名のワークショップ実践家を対象に、どのようなテーマについて実践をしたことがあるかについて質問紙調査を行った際に用いられたものである。

3 NPO 法人 Educe Technologies、NPO 法人演劇百貨店、NPO 法人 Collable が共催で 2013 年 6 月 15 日実施したワークショップ「モノで演じる、エンゲキで遊ぶ」(於:東京大学大学院情報学環福武ホール)。

4 新藤(2004)は、ワークショップの研究が進められてこなかった理由として(1) NPO や企業など、民間の集団によって行われることが多いこと、(2)現象が多様化しており、従来の教育・学習の枠組みで論じることが困難であること、を指摘している。

5 ワークショップ実践者の育成に関しては、プログラムの組み方の公式化・理論化が課題であるとの主張がある(ペク 2005)。

6 苅宿(2012a)は、ワークショップを担う人材をめぐる課題は深刻になったとし、実践者育成に積極的に取り組んでいる。このワークショップデザイナー育成プログラムは、文部科学省社会人の学び直しニーズ対応教育推進プログラム委託事業で、2009 年から大阪大学と青山学院大学が協働で取り組んでいるプロジェクトである。大学で独自に取り組んでいる一般的な公開講座やオープンカレッジとは異なり、履修証明書が出ることが特徴となっている。

7 ワークショップデザイナー育成プログラム担当者(中尾根美沙子氏)への 2023 年 6 月 13 日実施オンラインヒアリングによる。

8 創造的な領域を研究する手法の一つとして創造的な仕事をした人たちの伝記の分析という方法がある。この方法を使った研究から、作曲家(Hayes 1989)、画家(Hayes 1989)など、いずれも訓練を始めてからおおむね 10 年かかっているということが分かっている。また、Gardner(1993)は、ピカソ(画家)、ストラビンスキー(作曲家)、マーサグラハム(ダンサー)、T. S. エリオット(詩人・作家)などの芸術家だけではなく、アインシュタイン(科学者)、ガンジー(政治家)、フロイト(精神分析家)など、様々なライフヒストリーを調べ、最初のマスターレベルの仕事がなされるまでに 10 年以上の訓練期間があったことを指摘している。

9　自己説明(self-explanation)とは、Chi, Bassok, Lewis, Reimann& Glaser (1989) によ
　　れば、人が何らかの新しい概念を学習する際に、それがどのような場面で使える
　　のか、どのような結果をもたらすのか、どのような意味を持つのかについて、自
　　分自身に問いかけ、その説明を考えることである。Chi らは、物理学の例題学習
　　を行う過程の分析を通じて、問題解決の成績が良い学生は、学習場面で自己説明
　　をたくさん行っていることを明らかにした。

第1章　ワークショップ実践の系譜と ワークショップ研究

第1章の概要

　本書の目的は、ワークショップ実践者に着眼した実証研究により、実践者育成に有用な知見の提出と育成環境に向けた提言を行うことである。

　第1章では、本書の社会的背景および理論的背景について言及する。はじめに、1.1 で、第二次世界大戦後の日本においてワークショップが注目されるようになった経緯を述べる。実践の歴史を辿りながら、ワークショップはどのように生まれ、どのようにして日本に移入され発展してきたのかを概観するとともに、実践者育成に関する実証的な知見が未だ乏しいことを指摘する[1]。

　次に、1.2 で、本研究の理論的背景について述べる。ここではワークショップデザイン研究についてまとめ、ワークショップ研究においてワークショップをデザインする「実践者」に焦点を当てた研究がなされてこなかったことを指摘する。さらに、ワークショップ実践者の熟達に着眼した研究を行っていく上で参照すべき隣接領域を検討し、知見を整理することで研究課題を導出する。

1.1　社会的背景

　先行研究において、「ワークショップ」の源流に、教育哲学者デューイ (John Dewey) の思想があるとの指摘がある (高田 1996)[2]。高田 (1996) の仕事を広く知らしめたのは中野 (2001)『ワークショップ』であるが、これらの著作では、

各領域のワークショップが海外から日本に導入された経緯について比較しながら検討されてはいない。そこで、本書では、まず日本におけるワークショップの展開とその特質に関し歴史的に考察する。その上で、ワークショップ実践者育成を考える上での思想的手がかりを探ることを目的とする。

1.1では、以下の作業を通じ、日本におけるワークショップの系譜とその背景にある思想を明らかにする。第一に、海外におけるワークショップ実践の背景を整理し、その背景にあった社会状況を明らかにする。第二に、日本におけるワークショップ実践史を、海外から方法が移入された状況や契機に着眼し記述、整理する。第三に、海外におけるワークショップの系譜と日本におけるワークショップの系譜との差異を確認し、日本におけるワークショップの系譜が独自の展開を遂げてきたことを示す[3]。

1.1.1　海外におけるワークショップ実践の系譜

日本におけるワークショップ実践の系譜を考えるため、手始めとして海外でワークショップが行われるようになった20世紀初頭まで時代を遡る。まず、アメリカにおけるワークショップ実践の系譜について、その歴史的順序に沿って(1)演劇、(2)教師教育、(3)まちづくり、(4)カウンセリング、の4領域を取り上げる。次に、アメリカ以外の実践として、南米・フィリピンでの実践事例について触れる。

(1)アメリカにおけるワークショップ

19世紀末から20世紀初頭、ヨーロッパからの大量移民により急成長を遂げたアメリカは、その痛みとして貧富の差や都市問題を抱えることになる。ワークショップが始まったのは教育や福祉において、新しい課題とその解決方法が模索された時代であった。

演劇教育

ワークショップの中で最も歴史が長いと考えられる領域は、演劇である。新藤(2004)は、1905年のジョージ・P・ベーカー(George P. Baker)による

47Workshop が、芸術創造の「工房」の意味を残しながらも現代的なワークショップの先駆けとなった、と指摘する。20 世紀初頭、イギリス、フランス、ドイツなどには演劇文化が既にあったが、新興国アメリカには演劇における伝統がなかった。この問題に対し、ベーカーは、ハーバード大学にて実験的な舞台を用い、学生に対する戯曲創作・演技・演出の指導を行った。これが 47Workshop である（Kinne 1954；高島 1993）。

　47Workshop では、過去の戯曲を文学作品として鑑賞するだけに留まらず、戯曲を実験的に創作することで新たな演劇を生み出すという表現活動が行われた。さらに 1920 年代にロシア演劇界からスタニスラフスキー（Konstantin Stanislavski）の弟子たちがアメリカへ亡命したことにより、アメリカ実験室劇場ではリアリズムを重視した表現の追求が始まる。この流れは「メソッド技法」として 1940 年代にニューヨークで確立される。アメリカ演劇ではこれまでの形式主義的な芸術へのアンチテーゼとして様々な方法が試された。芸術の中でも演劇は他者との協働という要素の強い領域であったため、新しい人材が育成されていったと考えられる。

　2 つの世界大戦後、実験的な演劇は新たな 2 つの流れに引き継がれる。まず、1 つの流れに、1960 年代以降のアメリカの小劇場運動がある。この運動において、ワークショップは観客と共に作品を創造する方法論として注目された。小劇場運動には多くの劇団が参加することとなり、1970 年代にはジョーゼフ・パップ（Joseph Papp）がオフ・ブロードウェイで活躍する。この頃から、アメリカ演劇界におけるワークショップは、新人養成の場である場合と小劇場の劇団そのものを指す場合などに分化していった（高島 1993）。

　もう 1 つの流れとして、インプロビゼーションへの流れがある。教育者・社会学者のネヴァ・ボイド（Neva Boyd）は、シカゴの演劇学校で学び、それを生かしてハル・ハウスなどでの福祉活動を行った。さらにボイドはシカゴにてグループワークスクールを主宰し、そこでワークショップ実践者の育成も行っている。そこで学んだのがヴィオラ・スポーリン（Viola Spolin）である。移民の子どもたちに演劇を教えるために活動したスポーリンは、「シア

ターゲーム」という方法を考案し、これは後に教育や社会福祉において幅広く普及していくこととなる。新しい演劇を創るための方法、あるいは演劇を教えるための方法として提案されたワークショップは、インプロの流れによって教育方法として捉えられ、演劇外の領域と急速に接点を持ち始めたと考えられる。

教師教育

演劇教育に遅れること 30 年、1930 年代アメリカのリベラリズム思想の転換期において、教師教育のワークショップが実践されることになる。1933 年、進歩主義教育協会(Progressive Education Association) は「8 年研究」(Eight-Year Study)を開始した(高橋 1995)。これは 30 校の中等学校を実験学校として選び、新教育の効果を実証的に研究するものであった。この中での提案として、ワークショップが開催されたと言われている。さらに教師自身が新教育に対する理解を深めるため、1936 年夏、オハイオ州立大学に 35 名の教師が集まって 6 週間の研究集会を行った(Heaton et al. 1940)。ここでは、現職教師が生徒役として参加し、新教育を体験した。

教師教育のワークショップで特徴的なのは、「為すことによって学ぶ(learning by doing)」というデューイの教育哲学そのものが、探求する対象として設定されていた点だ。伝統的教育観に対する問題意識を背景とし、教員自らが体験を通じ、自身の仕事への探究を深めていた。その後「8 年研究」の間、ワークショップは毎年開催され、1930 年代の後半には急速に普及し、1940 年代にはアメリカ教職員現職教育の主要な方法となった(高橋 1995)。

まちづくり

まちづくりに関するワークショップは、実際に行われるプログラムは多様な形態をとるが、その根幹にある思想は協働・参画といった考え方であり、民主主義的な活動である。1950 年代〜 60 年代、公民権運動に代表される「市民の目覚め」が始まり、シカゴ学派の研究者には住民参加型の都市デザインを提唱・実践する者も現れた。当時、アメリカの都市の再開発では、都市開

発はプランナー主導で進められており、しばしば住民は開発の犠牲になっていた。このような時代背景のもとに誕生したのが、CDC（Community Development Center）である。

　CDC では、アドボケイト・プランニング（Advocate Planning）という考え方が提唱された。その提唱者の一人がヘンリー・サノフ（Henry Sanoff）である。初期のアドボケイト・プランニングは開発阻止が目的だったが、次第に都市デザインにおける住民参加の方法が確立していった（Sanoff 1979）。サノフは建築・環境の企画・設計に住み手の意志を反映させる方法として「デザイン・ゲーム」を考案し、住民との協働作業としてのまちづくりに取り組んだ。こうした参加型合意形成の手法は、「まちづくりワークショップ」と呼ばれている。

　一方、造園家だったローレンス・ハルプリン（Lawrence Halprin）はサノフとは異なったアプローチでまちづくりやデザインをテーマにしたワークショップに取り組んだ。彼はダンサーである妻アンナ（Anna Halprin）が実践していたワークショップの手法が都市の合意形成デザインに援用できるのではないかと考え、身体表現活動を取り入れた実践を積極的に行った。

　ハルプリンは、ワークショップを通じデザインに対する人々の主体的な参加を目指した（Halprin 1969）。そして、デザイナーが理想とするデザインを一方的に人々へ提示する「閉じた作業行程（closed score）」ではなく、はじめから参加者を創造のプロセスに巻き込み、意思決定し、最終的に何をやりたいのか合意を得る「開かれた作業行程（open score）」というデザイン方法を志向した。

カウンセリング

　集団の持つ教育的・治療的側面に着目し、心理学の領域で深められたのが「グループ・アプローチ（Group Approach）」である。これには 2 つの流れがある。

　まず、精神医療の領域における小集団エンカウンターグループの手法がある（新藤 2004）。第二次世界大戦直後のアメリカの復員兵への体験学習とし

て始められた。1960 年代から 1970 年代にかけ、社会病理の深刻化、個人や精神世界への注目など、全米で起こった人間性開発ブームを背景とし、急速に発展した（高田 1996）。来談者中心療法（Client-Centered Therapy）を創始したロジャーズ（Carl Ransom Rogers）、ゲシュタルト療法を創始したパールス（Frederick Salomon Perls）を理論的指導者とし、組織開発や住民運動とも結びついたため、この手法は宗教や政治にも取り入れられるようになった。ロジャーズは自ら、児童中心主義（Child-Centered Education）を主張したデューイに強く影響を受けたと主張しており、その思想は来談者中心療法に結実している。

　もう 1 つの流れに、社会心理学の領域で行われたグループダイナミクス理論に基づいた実践がある。1946 年アメリカのコネチカット州において雇用差別撤廃のための「ワーカー再教育ワークショップ」運営会議が行われた（三隅 1955）。1930 年代に確立されたグループダイナミクス理論を背景に、クルト・レヴィン（Kurt Lewin）らが、市民意識啓発のためのトレーニングとして実践している（新藤 2004）。その後、T（Training）グループとして発展し、精神分析やロジャーズ理論の導入を経て、1950 年代には産業界リーダーのトレーニング手法となっていった。

(2) 南米・フィリピンにおけるワークショップ

　南北問題が世界的課題となった 1960 年代、欧米諸国の国際協力の形として「開発教育」が進められた。この領域でも多くのワークショップが行われている。

　ここでは開発教育に影響を与えたと指摘される教育哲学者パウロ・フレイレ（Paulo Freire）の活動に注目する。フレイレは『被抑圧者の教育学』の著者であり、ブラジルやチリで識字教育を行った実践者でもある。1946 年〜54 年にかけて、フレイレは民衆との対話を開始する。フレイレは、伝統的な学校に代わる教育の場として「文化サークル」を構成し実践していた。文化サークルでは主に、成人の非識字者が現実の社会のなかで識字者となるための試みがなされた（Freire 1970）。

　Gadotti (1989) によれば、フレイレはデューイをブラジルに紹介したアニシオ・ティシェイラの門下生であったという。「為すことによって学ぶ（learning by doing）」というデューイの思想は、フレイレの実践においてもはっきり確認できる。フレイレはデューイの思想を継承しつつも、〈教師一生徒〉という構造を批判し、対話の重要性を説いた。

　フレイレから影響を受け、ラテンアメリカの民衆演劇運動が起こる。『被抑圧者の演劇』の著者アウグスト・ボアール（Augusto Boal）によるこの運動は、アメリカの演劇ワークショップとは異なる新しい流れを生んだ。民衆演劇では、日常生活に遍在する「抑圧」を意識化・対象化することが目指される。演劇において固定化されている〈演劇一観客〉という関係を壊すことで、観客がアクター（行為者）として能動的に舞台に介入し、ドラマの流れを変える演劇的実験とも言える。

　ボアールの「試みの演劇」に大きな影響を及ぼしているのは、ドイツの劇作家ブレヒト（Bertolt Brecht）の「教育劇」という手法である。また、〈教師一生徒〉という権力関係の脱構築という点ではフレイレの教育論の影響も大きい。

　民衆演劇運動は、その後東南アジアへと伝播する。フィリピンでは 1967年から PETA（Philippine Educational Theater Association：フィリピン教育演劇協会）が結成され、演劇ワークショップを用いた人権教育が行われている。

(3) 海外における「ワークショップ」の特徴

　アメリカにおけるワークショップおよび、南米・フィリピンにおけるワークショップについて概観した結果、領域によって導入の時期や経緯が違うことが確認された。デューイの思想に影響を受けた領域は、教師教育、カウンセリング、南米・フィリピンの演劇、と考えられる。一方、アメリカ演劇やまちづくりには、デューイに影響を受けたという関係性は見えて来なかった。

　しかしながら、全てのワークショップに共通する一つの特徴が見出された。それは、ワークショップが何らかの問題解決を目的とした「新しい方法」

として生み出されたということである。実践の目的は、時に新しい演劇の「創造」であったり、時に自分の仕事についての「探究」であったりする。しかし、それらの実践は何も「問題」が無いところで生まれたものではなかった。

「実際にある問題」に対し行動するという海外のワークショップに通底する精神は、19世紀末〜20世紀初頭にかけてアメリカで提唱された「プラグマティズム（pragmatism）」に通じる。プラグマティズムの思想家には、デューイの他に、ウィリアム・ジェームズ（William James）、チャールズ・サンダース・パース（Charles Sanders Peirce）、ジョージ・ハーバート・ミード（George Herbert Mead）らがいる。「プラグマ（pragma）」の原意は、ギリシャ語の「プラグマ（πράγμα）」即ち、行動を意味し、英語の「実際（practice）」および「実際的（practical）」という語と派生を同じくする（James 1907=1957）。

「実際にある問題」について、それが、教育であればそれは教育方法として機能し、都市問題であれば都市デザインの方法、新しい芸術の創造であれば表現技法、といったようにワークショップを道具主義的に解釈すれば、各領域の実践とその構造を俯瞰することが可能になる。

この場合、ワークショップという「方法」の有効性は、「問題」が実践者および参加者にとっていかに本質的かつ実際的であったかということに依拠することになる。実践環境や他者との相互作用の中で価値が決定されていくため、「方法」は「問題」と照らし合わされ実験的かつ反復的に検討され続ける必要がある。

1.1.2　日本におけるワークショップ実践の系譜

日本において、ワークショップはいつ、どのように導入されたのだろうか。錦澤（2001）は、表題に「ワークショップ」という言葉が含まれた研究論文件数の国内における推移を調査し、1970年代をワークショップの萌芽期、1980年代を展開期、1990年代を普及期と位置づけている。本節では海外における系譜を見た時と同様、ワークショップが導入された経緯に重点をおきながら、1980年代までに実践が導入された領域について見て行きたい。

(1)教師教育とワークショップ

　先行研究において、日本における最初のワークショップは、1947 年東京大学で開催された「教師養成のための研究集会」であると指摘されている(苅宿 2012b)。これは第二次世界大戦後初期における教育民主化政策と密接な関わりを持つ。この実践は、教育におけるデューイ受容の波と捉えることができるが、同時に占領下という状況の中、急速に進められた「民主化」でもあった。

　その後、「教師養成のための研究集会」をモデルとし全国展開されたプログラムが、IFEL(Institute For Educational Leadership：教育長等講習、のちに、教育指導者講習)である(苅宿 2012b)。IFEL は現職教員研修として CIE(The Civil Information and Education Section：民間情報教育局)によって 1948 年 10 月から 1952 年 3 月までの間、8 期にわたって開催された。全国から 9,300 人を越える指導主事、教育長、大学教員が参加した。IFEL の最も大きな特徴がワークショップの導入であった。

　1930 年代アメリカにおけるカリキュラム改革運動の中で誕生したワークショップは、参加する教員の関心に応じた問題を追求し、新教育の核となる「為すことによって学ぶ」方法を体験させ学習させる有効な手段と考えられていた。CIE は、ワークショップを通じて「新教育」と「民主的」生活様式を体得させようとした(高橋 1995)。「新教育」は、20 世紀初頭に大正自由教育として一部の教育者には関心を持たれていたわけであるが、戦後の IFEL 参加者として選ばれたのは、その層とは異なるものだった。CIE は教育改革において指導主事など都道府県教育界のリーダーを対象にワークショップを行った。IFEL 参加者の選定は CIE によってなされていたため、これを主体的参加と言えるか、疑念が残る。

　高橋(1995)が IFEL について「新教育の上からの普及者となってしまった」と述べるように、CIE によって選ばれた参加者はその後一般教員の相談役というよりも啓蒙役になってしまったと考えられる。こうして国際情勢が東西冷戦時代に向かっていく中、教師教育におけるワークショップは徐々に下火になるのである(苅宿 2012b)。

　占領政策の一環として導入されたワークショップでは、企画運営において米人講師が牽引していた。比重は変化してはいったものの、米人講師は第8期までCIEから派遣されており、彼らが受講者の選定や会場の設備、受講者用宿舎の指揮をとっていた(高橋1995)。ワークショップ開催自体がCIEの発案であり日本の教育関係者に内発的動機が乏しかったこと、8期の間に企画・運営する日本人の実践者が十分に育成されなかったことが、以降の継続につながらなかった要因と考えられる。

(2)教師教育以外のワークショップ

　IFELが終了してから、次に日本でワークショップが開かれたという記録があるのは1970年代である。これらは教員養成と関連しないワークショップであった。1970～80年代には、海外からの帰国者や、海外からの来訪者によって様々な領域で複数の実践が導入され始めた。

演劇

　黒いテントで旅公演を行う劇団「68/71黒色テント」の成沢富男が、1979～80年に滞在したフィリピンで、PETAの演劇ワークショップを見て感銘を受け、1981年に日本で実践を行ったとの記録が残っている(高田1996)。1985年、劇団黒色テントの「ワークショップ部局」は、神奈川県横浜市瀬谷区の養護学校高等部の青年たちや地元の大人、そして小学生たちが集まって行う「遊ぼう会」ワークショップの進行役を引き受けた。1989年には使われていない鰹節工場を夏の3日間だけ劇場にしてしまう「唐桑臨海劇場」を立ち上げ、参加した青年たちは上演する出し物を作るべく町ぐるみで町の物語を発見し、それを演劇化したという。

　以降、黒テント・ワークショップ部局はその機能を休止し、花崎攝、成沢富男、市橋秀夫、小島希里らによって「演劇ワークショップ・ネットワーク」が結成される。現在では、企業組合演劇デザインギルドとして、ハンディキャップを持つ人だけでなく、様々な人が参加して作り上げるワークショップを実践している。彼らは、実践の背景にボアールの『被抑圧者の演劇』が

あることを記している。

　1990 年代には『月刊社会教育』でワークショップに関する特集が組まれ始めた。この頃には、ワークショップの定義にあたり、身体性が特徴の 1 つとみなされることがあった。1993 年に刊行された『月刊社会教育』には「からだ・こころをひらくワークショップ：自己表現の可能性を探る」という特集がある。この中でワークショップは、身体的な自己表現を示す「パフォーマンス」の発達型と定義されている。さらに、ワークショップは、「言葉や身体を媒介にしながら協同で自己表現をし、その作業を共有していこうとする過程」、とも述べられている。演劇ワークショップは日本において、比較的早い段階で認知されるようになった領域だと考えられる。

まちづくり

　日本におけるまちづくりワークショップは、ハルプリンの研究をしていた青木志郎、藤本信義らが 1979 年に山形県飯豊町で行った農村型のまちづくりが最初だとされる（木下 1994）。1979 年にはハルプリンが来日し、“Taking Part Process Workshop” を行い、その実践は後々まで多くの人に影響を与えた。

　ハルプリンや民衆演劇に強い影響を受けた日本の実践者に、及部克人がいる。世田谷区三宿において行ったシンポジウム「まちから美術館へ！美術館からまちへ！」に連動したワークショップのコンセプトについて、「施設や制度の専門性に依存しないで、子どもの生活空間そのものを再生させるために、地域の人々とのつながりを掘り起こし、大人自身の記憶の中にしまわれている子どもの時間を向かい合わせて未来を考えることを試みようとしたのだ。」（及部 1993）と述べている。及部はこのような考えのもと、「大道芸術展」、当日までのプロセスを見せるワークショップとして、「鯉のぼりづくり」や、「布絵づくり」、「まちはおもしろミュージアム」を実施した。これらの実践に共通するものについて、及部は「場を共用し、対話による関連性を手がかりに絶えず新たな創造に駆り立てようとする試みであり、それらが循環性を持っている。」と述べる。ここで言う「循環性」とは、このワークショッ

プが一過性のものではなく、世田谷のまちづくり全体に位置づけられ、地域の公共施設のデザインを自発的に実現させていくための「導入部」であることを意味している。すなわち、この場に参加する住民の学習活動および表現活動により、実践者の技術も住民の意識も同時に高まってくることを期待しているのである。

　また、嵯峨（1997）は、「地域の問題解決へ向けたワークショップからの接近法」と題する記事において、ワークショップを「経験・年齢の異なるさまざまな人々が参加し、頭だけでなく身体や五感も使って共同作業をしながら、相互に学習したり、ある成果を創造する行為あるいは一連の活動のこと」と定義している。日本において、まちづくりワークショップは、政策決定のための合意形成という意味付けを越え、創造的な学習活動として捉えられ、展開されている。

カウンセリング

　カウンセリングでは、ワークショップは 1970 年代に始まり、1980 年代以降盛んになった（國分 1992）。中でも、エンカウンターグループは有名である。エンカウンターグループにおける「出会い（encounter）」とは、通常より深いレベルでの「自己との出会い」と「他者との出会い」を意味する（Rogers 1970=2007）。構成的と非構成に系統が二分される。

　ロジャーズの手法を導入しつつ、「構成的エンカウンターグループ」という独自の手法を開発したのが、國分康孝である。國分（1992）は、構成的グループエンカウンターを、「ありたいようなあり方を模索する能率的な方法として、エクササイズという誘発剤とグループの教育機能を活用したサイコエデュケーション」と定義している。

　構成的グループエンカウンターは、リーダーによるインストラクション、参加者の思考・感情・行動に揺さぶりをかけるための演習であるエクササイズ、参加者の思考・感情・行動を修正・拡大するためのふりかえりであるシェアリング、という 3 つの部分から成り立っている。エクササイズのためのマニュアルがあることや、活動の構造を明瞭に規定したことが普及につながっ

たと考えられる。國分は、普及だけでなく実践者の育成にも努めた。学校教育に接点を多く持つこともカウンセリングのワークショップにおける特徴と言える。学校経営、進路相談、クラブ活動、障害児教育などで、構成的グループエンカウンターは実践されている。また、國分は大学での研究者養成にも取り組み、諸富祥彦、河村茂雄などの後進が輩出されている。

　一方、非構成グループエンカウンターでは、実践者は特別な枠組みを用意しない、参加者は寝食を数日ともにする、円になって座るといったことを通じ、随時コミュニケーションをとる。コミュニケーションは言葉だけでなく身振りなど非言語でも多く行われる。この手法の実践者育成は現場での体験に加え、読書会や研究会を通じて行われてきた。

美術館教育

　日本で演劇ワークショップが実践され始めたのとほぼ同時期に、美術館の教育普及活動としてもワークショップが積極的に導入されるようになる。中でも、アメリカで美術教育の理念と方法を学び、帰国後実践を始めた宮城県美術館学芸員の齋正弘は、その第一人者と言える（関口 1999）。

　相次ぐ県立美術館建設が一段落した 1980 年代から実践が本格化する。東京都内に生まれた多くの区立美術館のうちいくつかは、地域密着型の展開をすべく教育普及活動に力を入れ、体験を重視したワークショップ活動を積極的に導入した。代表的なものは、板橋区立美術館、世田谷美術館、目黒区美術館である。これらの館には、従来のような美術史専攻の者だけではなく、造形講座の即戦力となるような美術大学卒のスタッフが採用される傾向があった。

　日本の美術館において、ワークショップの可能性を指摘する声は多い（e.g. 降旗 1994；高橋 1990）。こうした活動の基盤には、展覧会が次々と開催される中で展示のみに終始する美術館活動への反省、社会教育施設としての新たな美術館像の模索があったと考えられる。美術館では、単に鑑賞の支援として「わかりやすく説明する」という講義だけではなく、来館者個人の内面に働きかけるワークショップで創造性を育むことが目指されてきたのであ

る。

　草創期は美術大学出身の学芸員が実践していた美術館ワークショップであるが、現在では学芸員がボランティアスタッフをアシスタントとして実践の中で育成する仕組みもできつつある。館によってはボランティアスタッフのみで実践が行われる場合もある。美術館を舞台とし、学芸員がアーティストと協働でワークショップ実践を行うケースも見られる。これはアーティストの活動を拡げる機会ともなっていると考えられる。さらに、美術館学芸員の中には、美術館の内側だけでなく美術教育を扱う大学などでも講義を持ち、後進の育成にあたっている者もいる。

(3) 日本における「ワークショップ」の特徴

　ここまで、日本にいつどのような契機でワークショップが導入されてきたかを、いくつかの領域に分けながら見てきた。日本においては、(1) 教師教育、(2) 教師教育以外、の大きく2つに分けてその背景を捉える必要があると考えられる。なぜならば、教師教育におけるワークショップだけが、日本人の内発的な動機で立ち上がっていないからである。

　教師教育以外のワークショップについては、いくつかの共通点がある。第一に、日本に海外からワークショップが移入された時期は領域によって異なるが、1970 〜 80 年代にその契機がある点である。第二に、個々の領域において領域に特化された手法として別個に移入された点である。同時多発的に実践が行われ始めたにも関わらず実践者間の交流が乏しいことや、実践者育成が細分化した実践者集団の中で行われてきたことはこれらの特徴に起因すると考えられる。

　では、日本のワークショップの背景にはどのような思想があったのだろうか。先行研究で指摘されているデューイと関連づくのは、教師教育、演劇、カウンセリング、である。新教育を学ぶことが目的となっている教師教育では直接的な背景だと考えて良いはずである。演劇では、アメリカからではなくフィリピンから入ってきたという史実からボアールが意識されている。ボアールはフレイレの影響を受けており、フレイレがデューイの批判的継承を

していると考えられることから、背景にデューイの考えがあるとみなせる。カウンセリングについてはロジャーズの来談者中心療法にはデューイの児童中心主義が関連づく。一方で、美術館教育とまちづくりに関しては、デューイの思想が織り込まれている証が見つからなかった。細分化していった結果、手法としての洗練が進んでいる反面、領域を越えた共通するフレームワークを見出しにくいことも、日本のワークショップにおける特徴と言える。

1.1.3　実践者育成に向けた示唆

　歴史的検討から、日本におけるワークショップ導入の経緯は海外におけるワークショップの起源とは背景が異なることが確認された。海外では各領域における問題解決のための「新しい方法」としてワークショップが生み出されており、その時期は領域によって差がある。

　一方、日本では、海外からワークショップが移入された時期は領域によって異なるが、1970 〜 80 年代にその契機がある。個々の領域において領域に特化された手法として別個に導入されたため、実践者育成が領域の中の細分化された集団で行われることが多かった。

　ワークショップ実践者の育成において、実践者の協働が活性化しないことは問題である。思想が共有されない場合、実践者同士に葛藤や衝突が生まれ協働がうまくいかないことがあるということが、実践者の熟達に関する研究（森 2013c）で事例として見出されている。背景にあるプラグマティズムが意識されないまま、ワークショップが今後も他領域に普及していった場合、技術や形式のみが「新しい方法」として伝播していく恐れがある。ワークショップを有効に使うためには、この方法が何に対してどのように新しかったのかを学んでおく必要がある。1970 〜 1980 年代の実践者が徐々に実践者として一線を退きつつある今、日本での実践史とその前にある海外での実践史を確認しておくことは、活動の意味を深く理解することに貢献する。

　これまで、日本においてワークショップ実践者同士の交流と実践者育成はインフォーマルな形で行われていた。実践者同士の交流に着眼する知見は少

ない。実践者同士をつなぐ取り組みは集うことが目的化する可能性を孕む。しかし、領域に縛られない交流、横断的な議論の機会を望む実践者は今後増えることが予想される。実践者育成のためには、実践者同士の対話や協働の機会を支援することが有効だろう。実践の様相が分化し、ニーズも多様化している今、ワークショップの根底にあるプラグマティズムの思想に立ち返り、方法としての核を共有することが必要だ。

1.2 理論的背景

　実践の系譜からもわかる通り、ワークショップにおける形態は様々であり、その目的は個々に異なっている。本書ではワークショップを総じて、プラグマティックな「ノンフォーマル学習の活動」と捉える。さらに、ワークショップには何らかの「創る」と「学ぶ」が含まれた活動とみなす。この視座から、研究の理論的背景として、2つの軸を示す。

　第一の軸は、ワークショップデザイン研究である。海外の成人教育(adult education)の文脈では「最大限の学習結果」という共通のミッションを持つ(Harris 1984)と述べられている。この視座に基づき、ワークショップデザイン研究では、(1)学習を促すための構成要素、(2)デザインモデル、(3)デザインと学習評価、について研究がなされてきた。

　第二の軸は、熟達化研究である。ワークショップの実践者の育成に関する取り組みがあること、ワークショップデザイン研究があることは既に述べた。その一方で、ワークショップ実践者の熟達化に関する知見はこれまで行われていない。実践者を育成する上で熟達への視座は有用である。そこで、1.2.2 と 1.2.3 では、これから熟達化について実証的に解明する上で参照すべき知見を整理する。ワークショップ実践者の隣接領域として、教育の専門職と教育以外の専門職について考察する。

1.2.1　ワークショップデザイン研究

　海外でのワークショップデザイン研究を見てみると、成人教育(adult

education）の文脈に引きつけた議論が中心となっていることがわかる。*New Directions for Adult and Continuing Education* の 1984 年 22 巻と 1997 年 76 巻には、効果的なワークショップをいかにしてデザインし実施するかに関しての特集が組まれており、アメリカの成人教育においてワークショップに対する関心が高いことがうかがえる。

　Fleming（1997）は、ワークショップについて、成人教育および継続的教育（continuing education）という負荷の高い領域で有用だと述べている。

　Brooks-Harris & Stock-Ward（1999）は、対象を成人に限定せずワークショップの研究を行っている。海外においては1980年代、既にワークショップは生涯学習の手法として定着しており、そのデザインは研究対象ともなってきた。

　ワークショップデザイン研究は、（1）学習を促すための構成要素、（2）デザインモデル、（3）デザインと学習者評価、の 3 つの観点で分類することが可能である。

（1）学習を促すための構成要素

参加者の経験や既有知識の把握・配慮

　Sork（1984）は、ワークショップが成人対象の継続的教育に有用な手法であるとしながらも、その限界も指摘している。参加者の潜在的な力を正確に定義づけたうえでワークショップをデザインしていない場合、効果は発揮できない。

　また、Sork がワークショップの型の選択（Selecting the Workshop Format）という表現を使用していることから、当時アメリカの成人教育においては、いくつか典型的なプログラムのパタンが存在していたことがうかがえる。どのような型を選択するかに関しては、（1）参加者が持っている問題・学習ニーズの探索、（2）参加者が関係している答えの出ないような複雑な問題の設定、（3）継続可能であるもしくは完了可能なタスクの用意、（4）指揮をとるための十分な技術、（5）タスクがありながらも親和的な雰囲気が保たれた学習環境のメンテナンス、（6）参加者に対する脱日常を促す揺さぶりの支援お

よび日常への帰還のための提案、に留意するのが良いとしている。

　ただ、Sorkはこれら6点に留意してデザインすると良いとはしながらも、ここでの提案はあくまでもガイドラインであり、ワークショップは状況的な学習であるために遵守すべきものではなく、柔軟な対応が望まれると述べている。

　学習者の経験・視点・期待に対し、敬意を払うことの重要性を説いたものには、他にKnowles（1980）がある。また、Brooks-Harris & Stock-Ward（1999）は、参加者の学習スタイルに着目したデザインの必要性を主張する。

　しかしながら、参加者の多様性がワークショップで学びを生起させるために有効とする指摘もあり（Sork 1997）、多様な背景を持つ参加者一人一人に合わせたデザインを行うことは困難であると考えられる。実際、デザインを行う段階で入手可能な参加者の事前情報は限定されており、状況の把握は不確かである（Harris 1984）。このことに対してHarrisは「ワークショップには予想の（anticipatory）意思決定が含まれている」と述べ、ワークショップのデザインは、不確実性が最小限に減少するようにデザインされなければならない、とする。また、この不確実性の最小化をデザインするために役立つのが「プランニング・モデル」である、とする。

　このように参加者の経験や視点、既有知識などに注目することを主張した研究は多いが、一方で、デザインや運営をする側の経験や視点、既有知識には言及されていない。ワークショップでは、参加者と実践者との相互コミュニケーションも重要である。実践者の育成を考える場合、ワークショップデザインは、参加者と実践者相互の経験や既有知識を検討する必要があるのではないだろうか。

参加者の動機維持に対する配慮

　ワークショップとは負荷の高い活動であり、参加者の動機が維持できない場合、参加者に学習効果を発揮するのは困難である（Fox 1984）。Foxは、参加者の動機を維持する方法として学習が起きるためには、職場環境シミュレーションなど、現実の問題構造に即したものである必要があるとし、実践

例を挙げながら説明を行っている。

　Wloodkowski(1997)は、デザインにおける内発的動機づけを重視し、4つの動機づけの条件を提示している。4条件とは、(1)参加者を取り囲む学習の雰囲気づくり、(2)関係性や選択に対する有利な性質の育成、(3)学習体験への意味づけ、(4)学習効果に対する自己評価の創出、であるとする。

　Pankowski(1984) は、Thelen(1949)、Fisher(1974)、Hare(1962)、Gibb(1951)、Doyle & Strauss(1976)など、集団における意思決定研究並びにグループサイズとその影響に関するグループダイナミクスの知見を基に、参加者の人数と構成に基づくデザインの必要を述べている。集団における効果はその集団が結束しているかどうかに強く関係し、「集団のもつ共有されたゴール」と「参加に対する自由」が両立してこそ効果が生まれるという(Pankowski 1984)。さらに、Pankowski はワークショップの有り様をコミュニケーション・ネットワーク(Leavitt & Mueller 1951)として捉えることも提案している。

　一方、社会教育では、薗田(1994)がワークショップを「体験型参加学習」と捉え、研究を行っている。薗田はワークショップの特徴として、(1)先生がいない、(2)お客さんではいられない、(3)決まった答えがない、(4)頭だけではなく身体も動く、(5)交流と笑いがある、という5点を挙げている。さらに、ワークショップにおいては参加者自身も自らの知識や体験を持って積極的に関わることができるようにすることが必要とも述べている。では、具体的にどのようなワークショップをデザインすれば参加者の積極性を引き出せるのだろうか。

　薗田によれば、ワークショップデザインでは、(1)講師は「先生」としてではなく、単に一人の問題提起者として振る舞うこと、(2)受け身になる参加者が出ないようにすること、(3)答えを決めないで、創造の場とすること、(4)身体的な活動を取り入れること、(5)交流と遊びの雰囲気を持たせること、に留意する必要があるという。実践者を育てる上では、この留意点をさらに実践に落とし込むための指針を考えるとともに、それを知見として伝えていく必要がある。

役割・道具

Pankowski(1984)は計画者とリーダー、ファシリテーター、記録者という役割をはっきり分けて主張している。なお、ミーティングにおける記録者の重要性については Doyle & Strauss(1976)も指摘をしている。

ワークショップは期間が区切られた学習活動であるが、その期間、型式はテーマや参加者によって様々である。これによって、実践者の役割も変わってくる。事前にその役割について考えておくということもワークショップデザイン研究で行われてきたことである。

Knowles(1980)は、ワークショップは、しばしば長期間の滞在をともなうかたち(residential)をとる、としている。また、Bersch & Fleming(1997)は、このような滞在型のワークショップに対しどのようなデザインを行う必要があるかについて述べている。一方、テクノロジを利用したデザインのメリットおよびデメリットについての研究や(Buskey 1984)、直接対面が不可能な状況におけるワークショップのデザインについて(Gibson & Gibson 1997)の研究もある。これらの知見は、ワークショップ実践者が考えねばならないことの幅が、今後広がりつつあることを予感させる。

内省の支援

石川(2003)は、学習者の内省を支援するためのワークショップデザインについて検討している。石川はデューイの理論に基づき、社会的構成主義の立場から内省を支援するワークショップをデザインするために必要な要素として、(1)参加者が自ら認知活動を展開でき、プランニングを必要とする課題設定、(2)身心活動による認知過程の外化と機能分化を可能にする協同活動環境、(3)ファシリテーターによるサポート、を仮説として提案している。さらに、この仮説に基づいてワークショップをデザインし、参加者の変容を質的に検証している。この実践での検証を受け、石川(2004)は、ワークショップデザインにおいてデューイの理論が有用であることを強く主張している。

(2) デザインモデル

　Weintraub & Ueda (2000) は、実践を通じた研究を行っている。その中で、ワークショップのデザインに対して「キッチンでの即興」というメタファーが用いられている。このように、ワークショップはしばしば、実践者によって「即興的」と言われることも多い。しかし、その一方で、全体の構造、もしくは全体を構成するための過程を「デザインモデル」として提案する試みもいくつかなされている。

　デザインモデルとして古典的なものには、レヴィンのモデル (Lewin 1951) がある。これは、(1) 参加者の態度が和らぐ第 1 段階 (unfreezing)、(2) 参加者の態度が変容する第 2 段階 (changing)、(3) 再び固まる第 3 段階 (refreezing)、という 3 段階からなるというものである。現在でも実践に「アイスブレイク」という考え方が頻繁に導入されることからも、今でもこのモデルが多くの実践者に浸透していることが伺える。

　Cooper & Heenan (1980) は、綿密なデザインと正確な遂行が必要であるとし、デザインのマニュアル的なモデルを提示している。モデル化は、ワークショップデザインを行う実践者の道標となりうるため、人材育成に寄与するものであろう。しかしながら、マニュアル的なモデルのみあれば実践者はデザインする専門性を持っていなくても良いというわけにはいかない。なぜなら、ワークショップのデザインは当日の運営とも密接に関わっているからだ。実践現場では即興性も必要とされる。そのため、デザインモデルは即興を許容するゆとりを残したものである必要がある。

　Harris (1984) は、ワークショップのデザインに対して有効なプランニング・モデルとして、(1) 予算の決定、(2) 実施者の選定、(3) 9 つのステップからなるデザインの手順、を示している。さらに、タイムラインの計画とプランニング・モデルを統合することも提案している。ただ、Harris の手順モデルは 7 つの前提のもとで開発されており、その中には「計画をする人 (a planner) と実施を行う人 (a resource person) は別の人間である」といった、日本で現在行われているワークショップの実状とは異なったものが含まれている[4]。また、9 つのステップは順番通りにならない時もあるといった注意も

あり、モデルとしての洗練度は低いと言わざるを得ない。しかしながら、不確実な状況における、計画者(planner)の役割に関する指摘はワークショップのデザインにおいて非常に重要な指摘だと言えよう。

Drum & Lawler(1988)は、発達への介入における1手法としてワークショップを取り上げ、そのモデルを提案している。

Sork & Buskey(1986)は文献上で確認した90の成人教育プログラムの計画モデルをカテゴリ分析し、その多くはワークショップのデザインに適応できるという主張を行っている。さらに、類型化を踏まえ、Sork(1997)は、プログラムを計画するための基本的な6要素を提案している。6要素とは、(1)計画する文脈およびクライアントのシステムに対する分析(analyze planning context and client system)、(2)計画の正当化・焦点化(justify and focus planning)、(3)意図される結果の明確化(clarify intended outcomes)、(4)教育計画の形成(formulate instructional plan)、(5)実施計画の形成(formulate administrative plan)、(6)形成的評価計画の開発(develop summative evaluation plan)、であるという(図1.1)。

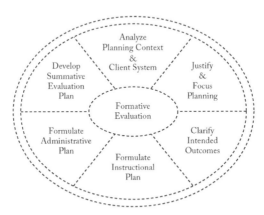

図 1.1　プログラムを計画するための基本的な 6 要素(Sork 1997)

　Sork はもう1つのモデルを同時に提案している（図1.2）。このモデルは、ワークショップのデザインが3つの次元から構成されていることを示す。この構成要素として、(1)技術的次元、(2)社会的―政治的次元、(3)倫理的次元、があるとし、このモデルの特徴は(3)倫理的次元、という深い次元の存在を提示したことにあると主張している。このモデルは、(1)がデザインを行う実践者個人であり、(2)が参加者を含めた環境、(3)は環境を取り囲む歴史的な視座と捉えられることができるのではないだろうか。このような解釈を行うと、このモデルが社会・文化的なアプローチをモデルにしたものとも言えそうである。

図 1.2　ワークショップのデザインの3次元（Sork 1997）

　一方、Brooks-Harris & Stock-Ward（1999）は、Kolb（1984）の体験学習理論に基づき、学習者は4つの学習スタイルに分類されると考え、その学習スタイルに合わせたデザインおよびファシリテーションが行われる必要があるとし、図1.3のようなモデルを考案している。

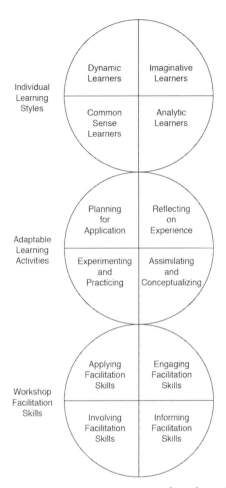

図 1.3　Brooks-Harris & Stock-Ward（1999）のモデル

　ここまでに挙げたデザインモデルには、構成要素間の関係性が明確でない
ものも多い。つまり、ワークショップデザイン研究では、学習を促す構成要
素の探索からデザインモデルの検討が行われていくというケースが多いので
ある。今後、学習が生起する過程に着眼した学習プロセスモデルが研究され
ていくことが期待される。

　学習プロセスに着眼したデザインモデルとしては、木村ら（2000）や加藤
（2005）がある。木村らは、「空間」「活動」「メディア」「参加者」という 4

つの要素を有機的に組み合わせて考えることを提案している。また、その 4 要素の中でも「活動」のデザインは、「つくって」「語って」「ふりかえる」というサイクルから構成するというデザインモデルを提示している。このデザインモデルに従ってデザインされたワークショップでは、活動に埋め込まれた協同作業が参加者の内省的認知を支えている、と実践時の様子から考察している。

　また、加藤(2005)は、デューイの影響を強く受けている Kolb(1984)の体験学習理論をもとに、POST モデルを提示し(図 1.4)、実践と評価をすることでリフレクションの重要性を主張している。

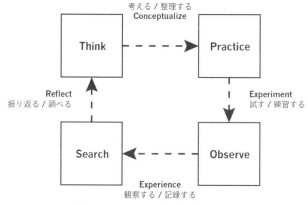

図 1.4　POST モデル(加藤 2005)

　ワークショップのデザインモデルには、デザインする際に具体的に留意すべき要素などをまとめたものもあれば、ワークショップとはいかにデザインすべきかという信念体系に関係するものまで様々である。デザインモデルは実践者育成に役立つ可能性が高い。だが、一方で、多くのモデルを知っていたとしても、どういう場合にどのモデルを参照すべきかを実践者自身が理解できない場合、デザインする際、十分に生かすことができないという問題が起きることが懸念される。

(3) ワークショップデザインと学習評価

　ここまで、ワークショップデザイン研究において、構成要素間の関係性からデザインモデルが形成されていること、学習プロセスに着眼したデザインモデルが今後期待されることを述べた。学習プロセスを明らかにし、新しいデザインモデルを作り出すためには、ワークショップデザインと学習評価について精緻に研究を行う必要があるだろう。

評価の必要性

　Cervero (1984) は、ワークショップの評価は、(1) プログラムが教育的に効果的であったか、(2) プログラムの実施は効果的だったか、という 2 つの視点に基づいて行われなければならないと述べる。また、Andrews (1997) は、評価をデザイン活動の輪に取り入れた形 (図 1.5) を提案している。

　これは、ワークショップのデザインにおいて、形成的評価の重要性を主張するものである。

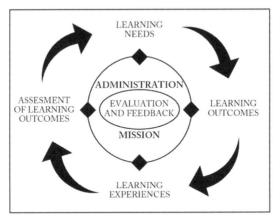

図 1.5　デザイン活動と評価の統合モデル
(International Association for Continuing Education and Training 1983)

　ワークショップにおける学習とはどのようなものかについて検討した研究もいくつかなされている。Fox (1984) は、Lewin (1951) のモデル[5] において学習の転移に最も本質的なのは第 3 段階だとし、この段階をさらに、(1) ワー

クショップにおいて見いだした新しい能力を、自身のパーソナリティーに統合する段階、(2)新しい業務遂行の方法を、職場環境を支えている実際に継続中の重要な関係性に統合する段階、に分けて考えている。また、Fox は、成人教育におけるワークショップは日常の職場環境においても学びが転移するようにデザインしなければならないとし、Lewin のモデルを使い、学びが転移を阻害する要因を克服するために考えられてきたいくつかの手法に関する言及を行っている。学びの転移については Nadler & Nadler(1977)も指摘をしている。Nadler & Nadler は、ワークショップにおいて最も重要なのは「つながり」(linkage)であるとし、その意味について、体験を終了後も家に持ち帰ることだと述べている。さらに、Sork(1984)も、デザインの留意事項として「日常への帰還」(participants' returning to their natural environment)に対する配慮の必要を指摘している。これら先行研究によって、ワークショップデザイン研究において、学習評価の上では終了後の学習状況についても考慮すべきだということが示されている。

ワークショップ中の学習プロセス

　学習プロセスについて言及する知見としては、Will(1997)がある。Will は、協調学習としてワークショップを捉え、グループのサイズだけではなく構造やそこで起こる学習のプロセスに関しても言及している。成人教育においては小集団学習に反対する動きもあるが、大人数での学習には問題も多く指摘されており(Swafford 1995)、それらの問題はグループでの過程に注意を払いやすい小集団学習であれば解消しうる(Will 1997)。これに関連して、参加者は現実世界における様々な属性を持ってワークショップに臨むことを強調し、権力のダイナミクス(power dynamics)に注目したデザインを行うことで学習効果を挙げることができるとの指摘もある(Johnson-Bailey & Cervero 1997)。グループダイナミクスの知見に基づいてワークショップ中の学習プロセスを解明することからも、デザイン研究がさらに発展する可能性がある。

まとめ

　先行研究を概観した結果、海外だけでなく日本にもワークショップデザインに関する研究は存在していることがわかった。その中には、デザインモデルなど、ワークショップデザインの指針となりうる知見もある。

　だが、テーマと具体的なプログラムを対応させたものは無く、実際に現場でどのようなデザインが行われているのかについての検証は十分されていない。先行研究におけるワークショップデザインの理論は、実証データによる裏付けが示されてはいない。これらの理論は、果たして他の実践者にも活用できるものなのだろうか。

　また、ワークショップのプログラムがどのようなデザインになっているべきかという視点での研究はあるが、デザインする人自体に焦点を当てた研究はなされていない。今後ワークショップ実践者育成を考える上で、ワークショップデザインを行う人に着眼した知見の提出が必要である。

1.2.2　教育の専門職における熟達化

　ここまで、ワークショップ実践者育成のための方法論が未だ確立されていないこと、実践者育成のためには特にワークショップデザインに着眼した研究が必要であることを明らかにしてきた。しかし、ワークショップ実践者についての研究はこれまで行われていない。実践者の育成方法を考える場合、ワークショップ実践者とはそもそもいったいどのような人のことを指すのかについて明らかにしておく必要がある。

　ワークショップは様々な領域で用いられている。そのため、本研究の対象とする「ワークショップ実践者」が従事する職業は様々である。また、ワークショップデザインはいつでも誰でも実践を始めることができる。つまり、この研究で指す「ワークショップ実践者」とは、あくまでも「ワークショップの企画・または運営に従事する人」であり、教師や看護師のように、資格認定によって職業として識別され、非専門家と分別されるものではない。

　しかしながら、実践史の俯瞰からも示されたように、ワークショップデザイン経験が抱負な実践者というのが確かに日本にも存在している。彼らは

ワークショップデザインに熟達し、経験に裏付けられた実践知を持っていると考えられる。ワークショップ実践者の育成を考えるためには、まず、ワークショップ実践者とはどのような人たちでその専門性とは何なのか、それを把握することが必要だろう。そこで、本研究では、ワークショップ実践者の専門性を捉えるためのフレームワークを、段階を踏みながら検討する。まず、「教育の専門職」に着眼した知見の整理を行う。次に、「教育以外の専門職」についても、必要だと考えられる知見の参照を行い、先の視点を補完する。

(1)教師

　本研究では、ワークショップを「学習活動」として捉えている。故に、ワークショップ実践者の専門性には、「学習活動のデザイン」を行う何らかの専門性があると仮説している。そこで、フォーマルな学習における学習活動のデザインを行う専門職として、教師をレビューの範囲とする。

教師の授業力量における発達とそのモデル[6]

　熟達への視座は教師研究において重視されている柱である。生田・吉崎(1997)は、日本教育工学雑誌や日本教育工学会研究報告集などに収録されている授業研究事例を俯瞰し、今後の授業研究の課題として教師の成長の視座が必要と指摘している。教師成長の視座に関しては、「授業研究を教師の成長と連動して捉える研究へと発展しており、教師の成長に伴う発達的課題、特にその主観を対象とする間主観的な研究がさらに求められよう」と述べている。

　教師の熟達は、授業力量に着眼して研究されることが多かった。熟達の段階をどう区切るかには、いくつかの見解がある。Berliner(1988)は、教師の授業力量の発達を、成長・熟達に注目し、その発達段階を、(1)初任者前期(実習生、1年目)、(2)初任者後期(2～3年)、(3)一人前(3、4年～)、(4)熟練者、(5)熟達者(必ずしも皆が到達するわけではない)、という5段階に分けることを提案している。この区分の指標となっているのは、教師が自己

の教室行動を制御するために用いる認知的方略の性質の違いだという。秋田（1999）は、アメリカでの研究成果が日本において適用できるか検討の余地があるとしながらも、経験とともに状況に即した柔軟な判断ができるようになるとの Berliner の指摘は妥当であるだろう、と述べている。

　吉崎（1998）は、我が国の教師の生涯発達を、（1）初任期（教職 3 年目くらいまで）、（2）中堅期（教職 5 年目から 15 年目ぐらいまで）、（3）熟練期（20 年目以降）、と 3 段階に設定することを提案している。木原（2004）は、これをふまえるかたちで、（1）若手教師（初任から教職経験 5 年未満）、（2）中堅教師（教職経験 5 年以上 15 年未満の教師）、（3）ベテラン教師（教職経験 15 年以上の教師）、と定義して、それぞれの段階の教師における授業力量を比較している。吉田（1999）は授業力量を含む教師の力量を高めるための教員研修段階を、（1）授業原理の段階（主として教員養成の時期）、（2）授業技術の訓練段階（主として初任教師の時期）、（3）授業実践の創造段階（主として中堅教師の段階）、と設定している。

就業前

　Calderhead & Shorrock（1997）は実習生が教師として発達していくことに関し、実習生が保有する「教えること」のイメージは自分がいかに振る舞うか、あるいは子どもといかに関わるかということに関係しているとする。さらに、そのイメージは、実習生自らの学習者としての経験や彼らの記憶の中にあるカリスマ的な 1 人ないし 2 人の教師をモデルとしたことに基づいていることを指摘している。すなわち、教師自身が自ら学校生活経験から学んだ図式は、自らの実践経験においても関連要因となっているということである。

　教師に関する、就業前の「学習者としての経験」との関連性については、梶田（梶田 1986；梶田・石田・宇田 1984）も指摘を行っている。梶田は、教師には「個人レベルの指導論（Personal Teaching Theory）」があり、それに従って授業設計・授業実践を行っていると主張した。梶田の提示する「個人レベルの指導論」とは、指導に対する経験によって形成された固有のものの見方

や考え方、と定義されている。

　梶田は、学習者にも「個人レベルの学習論(Personal Learning Theory)」が存在するとし、それらの関係を図 1.6 のように示している。

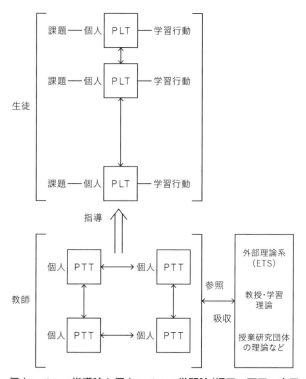

図 1.6　個人レベルの指導論と個人レベルの学習論(梶田・石田・宇田 1984)

　藤原・遠藤・松崎(2006)も、教師の実践的知識が、個人的来歴や信念と深く関連することを指摘している。ほぼ全ての人が教職生活の開始以前に非常に長い被教育経験を持ち、授業について「よく知っている」(Hammerness et al. 2005；Lortie 1975)。そのため、「観察による徒弟制」により、教師としての学習に先立って強固な授業イメージが形成されており(秋田 1996)、これは教員養成における課題となる場合がある。

養成期

　近年、教師の授業力量形成を目的とした授業研究に対して、注目が高まりつつある。稲垣・佐藤(1996)は、教師を専門的職業として捉え、授業実践研究がプロフェッショナル・ディベロップメントを目的とするものとして位置づけられる必要があるとの主張を行っている。

　教員の養成は通常、大学で行われる。大学における教員養成期には、教育実習という現場体験がカリキュラムに組み込まれている。生田(1998)は、経験教師と教育実習生に対し、同一授業の展開過程に関してその授業認知を比較している。その結果、実習生は、表面的で対処的な認知をしているのに対し、経験教師はフィードフォワード的視点から子どもの発言などを授業全体の中に位置づけるという特徴を持っていることが明らかになった。

　八木(1991)は、教育実習生の意思決定の特徴として授業目標達成意識と学習者意識の一貫性がないことや、ベテラン教師が考えることのできるような専門的知識や、教授行為の組織や選択能力の低さを明らかにしている。

　これら、従来の教育実習生の力量に対し、学生の支援を行うことを目的としたプログラム開発研究(e.g. 藤岡・新保 1995；南部 1995)が行われている。

就業期

　養成期を経て就業後も、教師は常に仕事の中で学び続けているとされる。日本ではこうした視点に立つ教師研究の知見が蓄積されている(浅田・生田・藤岡 1998；吉崎 1997)。

　教師が就業してからも行っている「行為の中の省察」について、実証的に明らかにする知見もある(佐藤・岩川・秋田 1990)。「行為の中の省察」を自覚し深めるために、教師は、日常的に授業実践を営む中で暗黙的に機能させている思考枠組みを問い直し、「実践的見識」を形成していかなければならない(佐藤 1989)。教師が授業実践中に用いている知識は、暗黙的で個人的で、職人的であるという指摘もある(Munby, Russell, & Martin 2001)。教師は言葉の上で獲得した知識を容易に実践化できない(Hammerness et al. 2005；Kennedy 1999)。その理由として、多くの学習者へ同時に対応しなけ

ればならないという授業の状況の複雑さなどが考えられる。「教師らしく考える(think like a teacher)」だけではなく、言葉の上で獲得した知識を複雑な状況で実践する中で、実践的知識が形成されると言われている。教師の質をめぐる論議は、学校教育制度の成立以来、いつの時代にも人々の関心を集めてきた。

初任教師の特徴

初任教師は様々な側面で困難を抱える。例えば、Carré(1993)は、着任第1週目にはリソースの所在がわからないといった点で疲労し、自信を失いがちであると指摘している。こういった事象を表面的に捉え、小さな問題と言って片付けることはできない。なぜなら、初任教師は多くの失敗をし、壁を感じ続ける。この失敗こそが自己研鑽や力量形成へとつながる場合もあるが、一方では離職の契機となることもあるのだ。

こういった問題に対して、観察・インタビューを通じ、初任教師の失敗や離職の要因を明らかにする知見もある(Schmidt & Knowles 1995)。

初任教師の課題として佐藤(1989)は、(1)「子どもに対する理解と反応」のための経験と技術の不足、(2)子どもの学習を想定して教育内容と授業を方法的に構成する経験と知見の不足、(3)自分自身の授業を自己診断し、改善の道を発見する道の不足、の3つを挙げている。さらに、「初任教師が抱える問題は、熟練教師が抱える問題と比べると、現象は見えやすいが本質はみえにくく、しかも、様々な問題が複雑に込み入っているため、解決の方法を決定することが容易ではない」と述べている。

Schön(1983)は、専門家としての成長には内省(reflection)が重要だとしている。さらに、反省的実践者の具体像は多様であり内省の対象は幅広いとしながらも、内省という行為は、問題の発見と問題の解決に大別されるとする。

この指摘に基づき木原(2004)は、問題を問題として認識できないという特徴を持つ初任教師(佐藤 1989)に対しては、まず反省の対象を問題発見重視にすべき、としている。また、初心者はあらゆる局面において経験が乏しいので、教授行為や教授信念のレパートリーを増やす方向で反省を経験とし

て蓄積すべきである、と主張している。

　初任教師には学校や教育の全体構造への指向が極めて弱く、自分の役割を授業実践の遂行に限定してしまう傾向があるため、同僚教師の存在が重要である（田中 1975）。初任教師の力量形成を支援するものとして、先輩教師の存在が指摘されている。山﨑（2002）は、教師の成長を支えたものの上位に、「学校内でのすぐれた先輩や指導者との出会い」を挙げている。初任教師はベテラン教師から支えられ、様々なことを学んでいる。このような関係をメンタリングと呼ぶ。中谷（2007）は、初任教師がベテラン教師から授業実践や日々の子どもたちの対応を学ぶことにより自分なりの実践的な指導力を身につけていくと指摘している。

　新井（1996）は、初任教師の問題解決は、1年の間に進むということを実証的に示している。しかしながら新任教師は、教えることや授業の準備、学生に対するしつけ、学級経営といった問題を1年経過後完全に解消することはできなかったという海外の研究報告もある（Cooke & Pang 1991）。では、初任教師が抱える問題に対しどのように克服していくのだろうか。その変化の兆しを捉える概念として Berliner（1988）が提示したのが、進んだ初心者（Advanced Novice）という概念である。この概念は、3年目くらいに起きる、成長への兆しを表している。授業デザインに対する視点の柔軟化は、Hollingsworth et al.（1992）による、教職3年目の若手教師の授業設計過程に関する研究[7]においても指摘されている。

中堅教師の特徴

　中堅教師の課題は、初任教師よりも発展的かつ実践的な視点で捉えられてきた。吉田（1999）は、中堅教師の研修課題として、(1)教材研究の深化と体系化、(2)個性的な指導法の創造と情報の交流、(3)独自の授業設計方法や評価法の開発、(4)教育実践研究の累積とその発表、(5)後継者指導への取り組み、という5つを挙げている。さらに、新しい時代に生きる中堅教師には、学習環境の改善と学習方法の再考といった新たな力量の形成が不可欠だとしている。

　木原(2004)は、中堅教師の授業力量の重層性に対し、アクションリサーチによる事例研究を行った。その結果、中堅教師は問題解決が極めて個性的な方向で展開されており、初任教師がめざす「共通な授業力量獲得」という方向性とは異なっていると主張する。これらの知見から、初任後期以後、教師の設定における課題の質は変容し続けていることがわかる。

ベテラン教師の特徴

　ベテランの力量や特徴は、実習生・初任・中堅との比較によって検討された知見が多い。

　岡根・吉崎(1992)は、ベテランと教育実習生を対象とし、授業実施中の予想外応答に対する意思決定の差異について検討している。ベテラン教師は授業実施中に予想外の反応が学習者から出た場合でも、事前の授業デザインとのズレを解消できないことはほとんどなかった、ということを示した。さらに、ベテランがズレを解消できる理由として、授業をデザインする際に発問と反応の関係を予測することができるだけの、豊富な教授知識を持っているからであった、と述べている。また、岡根・吉崎は、意思決定上の背景において教育実習生とベテランが異なるのは、教師観などの理念が重視されているのかどうかだったと述べる。

　佐藤・岩川・秋田(1990)は授業の映像記録を初任教師とベテラン教師に視聴させ、どのようなモニタリングを行うか比較した。その結果、ベテランの特徴として、(1)実践過程における即興的な思考、(2)不確かな状況への敏感で主体的・熟考的な態度、(3)多元的な視点の統合、(4)文脈化された思考、(5)授業展開の固有性に即して不断に問題解決を再構成する思考方略、という5つの点を挙げている。

　ベテラン教師が初任教師との関わりの中で学習するという指摘もある。ベテランと初任教師のメンタリングについて、岩川(1994)は、ベテラン教師は複雑な問題に対し固定的な枠組みで指導するのではなく、初任教師との共同探求的なスタンスを求められるため、結果的に自身も教師の仕事の難しさと豊かさを見つめ直す機会になる、と主張する。

　木原（2004）は、ベテランには中堅教師とは異なり、積極的な授業力量の刷新と形成の方向性に対する軌道修正が確認されたとし、ベテランの授業力量形成は、授業力量の共通化と個性化の統合という特徴を持つ、極めて主体的な営みであると主張する。

（2）保育者

　幼稚園教員と保育士は、異なる資格を持ち、管轄する行政機関も異なる。しかし、昨今では幼保一元化の動きがあり、人材育成を考える場合も「保育者」という括りで検討されることが増えてきた。保育士は0歳児から支援するため福祉的な側面もあるが、本研究では、「保育者」を教師同様、教育の専門職として捉え、その熟達化についての知見を参照する。

　保育に関して、包括的な専門教育プログラムの開発は未だ十分に行われていないのが現状である。海口（2007）は、保育の専門性として認知されていない背景として、（1）容易な資格取得によりペーパーティーチャーが多いこと、（2）子育ては日常でありその延長として保育が取り上げられてしまうこと、が多いことを挙げている。このような中、「保育者の専門性」に関する議論がなされ、実証研究もいくつかなされてきた。

　保育者の専門性に対する新しい枠組みとしても、教師研究と同様に、「行為の中の省察」に基づく「反省的実践者」モデルが提示されている（草信2009）。

　村井（2001）は、マックス・ヴァン＝マーネンの「教育的契機」という概念を手がかりに、保育者の専門性を「タクト」という概念でより明確に捉えている。保育者は実践において即座に自らの行為を反省することが困難なほど、子どもとの相互行為を生きているので、保育者の実践においては、「行為における反省」よりも「タクト豊かな」（tactful）振る舞いがより重要な位置を占めるのではなかろうかと述べ、保育者の専門性を保育行為のただ中の振る舞いに見いだしている。

　保育者の専門性の具体についても、多くの議論がなされている。例えば、津守（1997）は、保育は身体行為でありながら知的行為であり、子どもとと

もにいる「いま」を大切にすることが、保育実践では要を為すと述べている。また、保育の実践は省察とは切り離すことができず、子どもとかかわり身体を動かしている最中にも、保育者は子どもの行動を読み、それに応答しており、この省察は、保育の省察の修練を積むうちにできるようになると述べ、保育実践の中での省察の重要性を説いている。実証研究としては、吉村・田中（2003）が「保育者の専門性」を「保育者の具体的な語りの事例を通して、幼児の生活への無限定的なかかわりを本務とする保育者の幼児理解の仕方を解明する」ことを目的とした研究を行っている。これに対し、横山（2004）は、吉村らのように保育者の語りに限定せず、寧ろ「語らない場合」も含め、保育者が子どもをどのように理解した上で子どもの関係を構築しているのかについて、観察・調査を行い、その中から保育者の専門性について考察することを試みている。このように、保育者の専門性についても、あるべき姿を議論するのみならず、様々な方法で実証的な検討がなされてきている。

　なお、保育の専門性の向上に関しては、研修、経験年数、保育者のライフステージと危機（例：「気になる子」の保育）、振り返り・内省などの観点から研究がなされている（秋田 2000；藤崎・木原 2005；中坪・赤嶺 2004；安見ら 1997；山川 2009）。経験年数については、問題解決への対応や問題解決の際に見えることとその見方に現れるということが指摘されている（高濱 2000）。鯨岡（2000）は、保育者に求められる 3 つの専門性の 1 つとして、「保育者の計画・立案の専門性と、保育実践の専門性を関連づけながら、それを評価し反省する『ふりかえり』の専門性」を指摘している。

　統合保育の観点からも障害のある子の担当経験が保育者としての成長に影響することは他の研究からも示唆されている（石井 2009）。専門性の向上には、保育者の経験年数だけではなく、「気になる子」との出会いなどのように振り返る契機が関係すると考えられる。さらに、経験差が問題解決の対応、見ているところと見方の違いに影響するならば、経験年数が違えばその振り返り方にも違いが見られる可能性がある。「気になる子」の存在が保育者の熟達プロセスにおいて重要な意味を持つことへの指摘（高濱 2000）は、多様な参加者との出会いがあるワークショップ実践者の熟達について考える

上でも注目に値する観点だろう。保育者は実践経験の継続で、保育に見通し
が見えてくるようになる。保育行動の質の向上には経験も大きな役割を果た
していると言える（島村ら 2004）。

　別の流れとして、保育の専門性について、子ども以外の周辺環境に目を向
けた知見もある。鑑ら（2006）は、「子育て支援という保育サービスだけでは
なく、親子関係の揺らぎや希薄化を調整し、親と子の両方を安定させると
いった課題に取り組むことが求められている」とし、社会福祉援助職として
保育士の専門性を再認識する必要について述べている。このように、保育者
の専門性については、保育対象である子どもに関することに留まらず、対象
者の置かれている環境や文脈への配慮を含めて考えるべきだという指摘も見
られる。従来の教育の専門職の専門性について、現在、その再考が迫られて
いるとも考えられる。

1.2.3　教育以外の専門職における熟達化

　これまで、「教育の専門職における熟達化」の知見を見てきた。もし、ワー
クショップデザインが授業デザインと近似で捉えることができるのであれ
ば、ワークショップ実践者の隣接領域は 1.2.2 に示した教育の専門職だけで
良いのかもしれない。しかし、実際には、ワークショップデザイン研究で明
らかにされてきたことは、授業デザイン研究の知見とは異なる「教えないデ
ザイン」という方向性を示している。また、ワークショップ実践の系譜から
は、学校教育とは異なるノンフォーマルな文脈で数多くの実践が重ねられて
きたことが明らかである。これらのことから、また新しい 1 つの仮説が生ま
れる。それは、ワークショップ実践者が、その専門性において、従来の教育
専門職とは異なるものを持っている可能性が高いのではないか、ということ
である。

　ここで、ワークショップ実践者を捉えるため、2 つの視点を提示したい。
1 つ目は、ワークショップ実践者を「創造的活動の従事者」として捉えると
いうものである。授業デザインが「教えることで学ぶ活動のデザイン」であ
るとすれば、ワークショップデザインは「教えないけれど学ぶ活動のデザイ

ン」だと言える。「教えないけれど」学習が起きるための仕組みが、作業、すなわち「創る活動」のデザインだと考えられる。加えて、ワークショップ実践者は、制度的枠組みに守られず企画し運営することも多いと考えられる。つまり、ワークショップ実践者は「『創る活動』を創る」ことを通じて熟達していると考えられるのである。そこで本研究では、ワークショップ実践者も創造的活動の従事者であると考え、芸術家や音楽家などの熟達に関する知見も参考にする。

　2つ目は、ワークショップ実践者を「対人援助のエキスパート」として捉える視点である。先行知見から、「創る活動」と「学ぶ活動」を接続するために、ワークショップ実践者は「教える」のではないアプローチで対人援助を行っていることが伺える。時に「ファシリテーション」と呼ばれることも多いこの行為は、「教える」という行為よりも「他者に寄り添う」という色彩が強いのである。このような視点に立てば、看護師や社会福祉専門職における専門性は、ワークショップ実践者の専門性と重なる部分があると考えられる。

　以上、ワークショップの持つ「教えない」という特徴を踏まえ、本研究では実践者の専門性を考える上で、(1)創造的活動の従事者、(2)対人援助の専門職、についても隣接領域として捉えることとする。

(1)創造的活動における熟達化

　創造の営みは、我々が日頃から用いている認知活動によって営まれており（Weisberg 1986=1991）、アイデアを生成しそれを形にするといった創造の側面は学習や経験の蓄積によって獲得される（Amabile 1983）。創造的な活動を行うことに熟達した人たち、すなわち「創造的熟達者」はどのように熟達し、創造活動を進めているのかということに対しては、いくつかの実証的な研究が行われている。例えば、熟達化したデザイナーについては、自己説明による理論生成が見られるという知見がある（諏訪 2004）。

　創造的熟達について、芸術家に着眼した研究も行われている。横地と岡田は、創造的な熟達プロセスについて短期スパンと長期スパンという異なる時

間スパンから捉え、創造活動の熟達化を複合的に捉える知見の提出を行って
きた(Yokochi & Okada 2005 ; 横地・岡田 2007)。

　まず、短期スパンにおける研究(Yokochi & Okada 2005)では、個々の作品
制作における創造的認知のプロセスを解明するため、水墨画家を対象に、
(1)絵のイメージの生成プロセス、(2)イメージ生成における身体活動の関わ
り、(3)制約の役割、について、観察・実験・内省報告(インタビュー)・作
品分析(印象評定)などのマルチメソッドによる検討を行っている。その結
果、描画活動の特徴の1つとして、画家は局所的な描画プランを立てイメー
ジを徐々に形成しながら制作することが明らかにされている。また、落書き
の線などの制約が新しいスタイルの絵の創造を促すこと、身体活動(空書活
動)が絵のイメージ生成などに対して重要な役割を担うことも指摘されてい
る。

　一方、長期スパンの研究としては、若手現代芸術家と10年以上のキャリ
アを持つ熟達した現代芸術家の創作活動の比較を行った研究(横地・岡田
2007)がある。この研究では、(1)創作活動における作品の質的変化、(2)芸
術家の創造的熟達のプロセス、(3)創造の認知的枠組み(「創作ビジョン[8]」)
の形成、について創作活動の回顧的インタビューと作品分析による検討を
行った。その結果、創造的熟達のプロセスには、(1)内的基準へのとらわれ
の時期、(2)内的基準の形成の時期、(3)調和のとれた創造活動の時期、の3
つのフェイズがあること、が示された。さらに、熟達した芸術家に関して
は、長年の創作活動の中で「創作ビジョン」が形成されていること、その創
作ビジョンと「ずらし(analogical modification)」が、多様な作品の創造につ
ながっていることも指摘されている(横地・岡田 2007 ; 岡田ら 2007 ; Okada
et al. 2009)。

　それでは、芸術家はいつから芸術家になったのであろうか。芸術家とは創
造的活動の従事者であるが、これまで見てきた教師や看護師などのように資
格によって専門職であることが担保されない。この点も、創造的活動の従事
者とワークショップ実践者とが、その熟達化と育成において類似すると考え
られる点である。

　芸術家ではなく、描画における初心者の熟達に着眼した研究に、石橋・岡田(2010)がある。この研究では、他者の絵を模写することが、その後の創造に促進的効果を持つ可能性を検討している。実験の結果、他者の抽象画作品を模写することで、制約緩和と新たな着眼点、という2つの表象変化の認知プロセスを経て、創造的な絵を生み出されたことが明らかになったとしている。この研究は一般の大学生を対象に行われたものであり、異なる熟達段階にある者にも知見が応用できるのかは定かでない。しかしながら、単なる既有知識の活性化ではなくその知識自体が意識的に再構築されている点で、従来の概念的プライミング研究と大きく異なっており、初心者の教育支援に向け、知見の応用が期待される。他者を模することが知識の再構築を促し新しい創造的活動を生む可能性があるという点では、ワークショップ実践者のデザインにおける熟達を捉える際、石橋らの知見は示唆に富むものであろう。

(2)対人援助の専門職における熟達化

　医療・保健・福祉などの領域では、隣接した領域で様々な対人援助サービス職が専門職化しようとしている。しかしながら、ケアを特徴とする対人援助、の専門職では、自らの専門性を明確に示すことができないというジレンマが生まれやすい(石橋 2006)[9]。専門性とは何かという問題に関しては、既にその職業に従事する人々を対象とした意識調査が多く行われている。その職業独特のものの考え方や必要とされるスキルなどを検証する研究が存在する。

看護師

　看護師の熟達過程に関しては、Benner(2001=2005)の知見が基盤とされている。日本における看護師の人材育成は、熟達化研究を基盤として行われつつも実践現場での課題とも同期しながら進められている。
　研究の方向性は、大きく、養成教育と就業期教育の2つに分かれている。養成期に関しては、リアリティショックやバーンアウトといった問題に対応

するための調査研究が多くなされている。例えば、職業的アイデンティティを育てる教育方法の検討を目指し、教師からのメッセージが学生の職業的アイデンティティに及ぼす影響に関して検討した研究(落合ら 2003)や、エキスパート・モデルの授業が、看護学生の自己効力感、評価懸念および職業的アイデンティティに及ぼす影響を検討した研究(落合ら 2006)などがある。

実習方法の検討(e.g. 佐々木ら 2007)、養成カリキュラムの検討(e.g. 峯ら 2007)も検討されている。例えば、峯ら(2007)は、就業後のリアリティショックを軽減するためにも、就業前の看護基礎教育において、助産所実習を検討することが重要であることを主張している。実習を通じた学習効果に関しては、パリダら(2006)が、実習前指導から実習後までを、職業的アイデンティティという観点から分析している。

しかしながら、養成期に学べることには限りがある。看護師における熟達も、教師同様、就業してからこそが本格化する。よって人材育成も、就業期特有の問題に着眼したものも行われている。特徴として、就業する前段階での教育課程の違いをどう捉えるかという課題がある。これは教師・保育者にも今後起きうる課題とは考えられるが、看護師においては既にこの分断が顕著だと言えよう。これまでは看護専門学校で中心的に行われてきたが、近年、医療の高度化や看護職の地位の向上などを背景に4年制の看護学部や医学部保健学科が増えてきている。今後は大学を卒業した看護師が増えるものと考えられる。また、看護の現場は就業場所によっても必要とされることが異なっており、経験を重ねる中での熟達過程、職業観も変わってくる可能性がある。現場で協働できる看護師を育成するために、差異について検討する実証研究がなされている。具体的には、准看護師と看護師における意識の差異を検討した研究(e.g. 前信・長吉 2003)、就業場所による専門性の差異に関する研究(e.g. 安田ら 2006 ; 櫟・安次富 2005 ; 荒賀ら 2003)などがある。

福祉専門職

看護師とは異なるが、対人援助を行う職業がいくつかある。ここでは福祉専門職として、ソーシャルワーカーとケアワーカーを取り上げる。ソーシャ

ルワーカーとは、社会的に支援を必要とする人とその環境に働きかける専門
職のことを指し、日本では現在、社会福祉士と精神保健福祉士の総称とされ
る。一方、ケアワーカーとは介護福祉士を指す。社会福祉士、精神保健福祉
士、介護福祉士は、福祉関係であるが、それぞれ別個の国家資格である。

　岩田(1996)は、社会福祉学などの実践の科学は、研究と教育、そして現
場での実践の三者が一体となって進められる必要があると主張している。
様々な人材育成の試みはあるが、社会福祉の現場やその教育現場では、ソー
シャルワーク理論の知識はあっても臨床的レベルに反映されていないことが
多いとの指摘(上石 1994)がある。これに対しては、就業後も助言や指導を
行う「スーパーバイザー」の存在が重要だとの指摘(宇都宮 2004)がある。

　福祉専門職に関しても、養成期と就業期に関する知見がある。そのほか
に、福祉専門職特有の研究として、就業前にどのような経験をしていたかに
ついて調査した研究がある。職業参入と専門職アイデンティティに関する指
摘(e.g. 鈴木 2005)は、教師・保育者において、「個人レベルの指導論 (Personal
Teaching Theory)」(e.g. 梶田 1986；梶田・石田・宇田 1984)として学習者と
しての体験から捉え直そうとする知見があることに通じる視点だと考えられ
る。

　養成期に関する研究としては、看護師同様、実習経験に着眼したものがあ
る。実習を通じた意識の変化に着眼する知見として、木田・武藤(2006)、
吉田・佐藤(2002)が挙げられる。吉田・佐藤は、4 年制課程における介護福
祉教育に関して、学生の意識に着眼して質問紙調査を行っている。その結
果、学生は介護福祉士に対して「資格を取得し就職したい」、「他人に喜ばれ
る仕事がしたい」という積極的な目的意識を持っていること、介護は心身の
負担が大きいがやりがいのある専門職として認識されていたことを指摘し、
医療・保健・福祉関連職と対等な立場で連携を図るために、専門性の確立が
急務の課題であることが再認識されたとしている(吉田・佐藤 2002)。

　就業期に関する課題も、専門性の確立に関連するものが多い。福祉専門職
の就業する場は多様であり、取り組む課題も異なる。例えば、北村ら(2003)
は、介護福祉士の就労意欲に関して、佐世保市および近隣地域の介護福祉士

の現状調査により、就労意欲に影響を及ぼす要因を検討している。その他に、勅使河原・佐藤(2008)は、在宅ケアサービスを行う介護福祉士の専門性を評価するための知識と技術には何が求められているのかを解明することを目的とした調査をしている。調査項目は、(1)利用者との信頼関係を構築する知識・技術、(2)障害や疾病に関する知識・技術、(3)多職種間の協議に関する知識・技術、(4)状況の変化に対応した介護の知識・技術、(5)衛生管理に関する知識・技術、(6)認知症に関する知識・技術、(7)福祉制度と法に関する知識、(8)栄養素と被服に関する知識・技術、(9)介護予防に関する知識・技術、(10)価値観を尊重した介護技術、(11)緊急時に備えた介護技術、の11項目である。

　専門性とは何かについての検討の他、専門性が発揮される場面について考えるアプローチも見られる。例えば、伊藤(2006)は、地域包括支援センターに対する山梨社会福祉士会会員の意識調査を行い、専門性が発揮できると感じる場面とそうでない場面について考察を加えている。西原ら(2005)は、神奈川県内の社会福祉士に関する現況調査結果に見る専門職団体に求められる役割を調査し、結果からは福祉系大学を卒業した若い社会福祉士をはじめとする多くの社会福祉士が、資格の将来や資格の意義に不安を感じ、自己の専門性を発揮する場を模索していることを明らかにしている。

まとめ

　看護師・福祉専門職においては、養成期・就業期において専門性の確立が課題とされている。これについては実習を要とした養成期へのアプローチに加え、職業的アイデンティティの形成が論点となっている。これについて、対人援助における職業的アイデンティティは就業前についての研究から接続される可能性があること、対人援助の専門性とはトップダウンに課題決定されるものではないこと、専門性はいかなる場面で発揮できるのかという方向からも検討されていること、が明らかになった。

1.3 本研究の視点

　先行研究を検討した結果、ワークショップには様々な実践の系譜があり、それが同時多発的に生起していたという歴史が確認された。それらの背景思想としては、例えば、実際的(practical)に物事を思考することや、実験的な精神を重んじる、プラグマティズムの胎動を見て取ることができる。実践者は、領域を越えて協働を繰り返し、自らの実践コミュニティにおいて人材育成に取り組んでいる。

　100余年の間にワークショップ実践者自らが経験から編み上げた実践知があることも、見過ごすことのできない点である。これに関してワークショップデザイン研究では、学習を促すための構成要素やデザインモデル、ワークショップデザインと学習評価といった観点から研究が進められている。その中には、今後、実践者がデザインをする際に参考となるものも多く含まれている。しかし、テーマと具体的なプログラムを対応させたものではなく、実際に現場でどのようなデザインが行われているのかについての検証は十分になされていない。また、どのようなプログラムがデザインされているかという視点ではなく、デザインする「人」自体に焦点を当てた研究が行われていない。今後、ワークショップ実践者の育成を考える上で、「人」に着眼した知見の提出が急務である。このような状況を踏まえ、実践者の実践知に対する実証的なアプローチでの知見が不足しているのではないかという視点が浮かび上がってくる。

　一方、他の隣接領域に目を配ると、その専門性について熟達化の知見を基盤とした育成指針が探索されてきていることがわかる。本研究では、ワークショップを「他者との相互作用の中で何かを創りながら学ぶ学校外での参加型学習活動」と定義している。そのため、ワークショップ実践者の近接領域として、教育の専門職、創造的活動の従事者、対人援助の専門職、を挙げた。それらの熟達化研究から、ワークショップ実践者の実践知に迫るための方法について示唆を得た。

　以上から、本研究では、他領域における熟達化研究を理論的な背景とし、

ワークショップ実践者の熟達過程を明らかにする。その知見に基づき、実践者育成に向けた学習環境デザインの指針を提案することを目指す。

注

1 1.1 は森(2014)を元に、一部改稿を加えたものである。

2 広石(2005)は、ワークショップを参加型学習であると捉え、構成主義の枠組みで捉えていくことも必要だと述べている。苅宿(2012a)も、ヴィゴツキー的な視座でワークショップの参加と学びを論じている。これらの指摘は、ワークショップにおける学習を評価する上で重要な見解である。しかしながら、本書ではワークショップ実践者の歩んできた道筋に着眼し、これらの解釈に敬意を払いつつも、それ以前の歴史的展開を追うことから論を進める。

3 本書では、系譜を考える上で特に、海外・日本それぞれにおいてワークショップ実践が導入されていく経緯に着眼するため、ワークショップの実践が行われた時期が早い領域を取り上げることとする。

4 日本では依頼者と企画者と運営者という立場があり、企画者が運営するケースが多い。

5 Lewin は、場の理論(field theory)の中で、個人がグループの中で学ぶ・変化する、もしくは集団が変化するプロセスに以下の 3 つの段階があるという提案を行った。3 つの段階とは、第 1 段階が溶解作用(unfreezing)、第 2 段階が移行もしくは移動(moving)、第 3 段階が凍結作用(freezing)である。

6 教師の授業力量における発達とそのモデルには、Berliner(1988)らのような線形モデルではないものも主張されている。例えば、秋田(1999)は教師の生涯発達を捉えるモデルについての研究を行っている。秋田は、発達を考える際、(1)いかなる面が、(2)どのようなプロセスで、(3)なぜ(どのようなメカニズムや要因によって)生じていると考えられるのか、(4)誰がその発達を物語っているのかを考える必要がある、とし、視点を一元化せず整理している。このような知見も踏まえつつ、本研究では便宜的に、それぞれの専門職において実践への関わり方のフェイズおよび携わった年数を基準に議論を進める。

7 Hollingsworth et al. (1992)は、初任教師が黒人のスローラーナーの子どもに対処するためのカリキュラムをデザインする際の変化を記述している。初めは州で基準とされていたリテラシーカリキュラムを用いていたが、後に自分でカリキュラムを構成し、教材を作成するようになったと述べている。

8 横地・岡田(2007)における「創作ビジョン」とは、長期的な創作活動全体を総括

する中核的な創作意図のことを指す。

9　石橋は、対人援助サービスの専門職化に関して、単独の職種の孤立した現象として捉える傾向が生まれていることを指摘している(石橋2006)。

第2章　ワークショップ実践者の専門性に関する調査

第2章の概要

　第1章では、ゆるやかな学びの手法としてのワークショップはどのように生まれ、発展してきたのか、ワークショップデザインについてどのような知見があるのかについて概観した。さらに、ワークショップ実践者に焦点を当てた研究がなされてこなかったという問題を指摘した。今後、実践者育成を考える上で、実践者の発達に着眼した知見が有用だと考えられる。

　そこで、第2章ではワークショップ実践者の専門性を明らかにするため、インタビュー調査および質問紙調査を行う。この調査の結果から、ワークショップ実践者のデザインに対する意識が実践歴によって異なることを示す。そして、ワークショップデザインにおける熟達化研究を行う必要があることを主張する。

2.1　調査の背景

　これまで、理論的背景として、「1.2.1　ワークショップデザイン研究」、「1.2.2　教育の専門職における熟達化」、「1.2.3　教育以外の専門職における熟達化」についてレビューしてきた。

　ワークショップ研究では、ワークショップデザインに関する研究は行われているものの、実践者を対象とした研究はまだ行われていない。実践者育成の取り組みに期待が高まる中、ワークショップ実践者を対象にした研究が行われるべきである。その際、育成方法を考える上では熟達という視点で考え

ることが有用であろう。つまり、ワークショップ実践者の専門性とは何かについて考える場合、それは探索的に検討される必要がある。

　ノンフォーマル学習であるワークショップは、そのデザインにおいて、制度に守られた学習活動ではない。この点において、ワークショップが創造的活動であるだけでなく、ワークショップデザインもまた創造的活動であると考えられる。さらに、ワークショップデザインにおいては、創造的学習活動を企画・運営するため、参加者のコミュニケーション支援が重視されるという特徴がある。このことから、ワークショップ実践者には「教える」とは異なる、対人援助に関する専門性があると考えられる。

　以上の考察と先行研究の整理から示唆されたことは、ワークショップ実践者の育成に向けて熟達化研究を行うためには、前段階としてワークショップ実践者に対する専門性への意識についての調査が必要だということである。

2.2　調査の目的

　本調査の目的は、ワークショップ実践者の実践に対する意識を調査し、ワークショップ実践者自身が考えている「専門性」とは何かを明らかにすることである。

2.3　方法

2.3.1　調査方法の枠組み

　「1.2.2　教育の専門職における熟達化」、および、「1.2.3　教育以外の専門職における熟達化」における実証的な研究方法を踏まえ、本調査方法の検討を行った。具体的には、看護師の専門性についてインタビュー調査・質問紙調査を行った安田ら（2006）を特に参考とし、調査方法の策定を行った。調査手順は下記の通りである。

（1）ワークショップ実践者へのインタビュー調査（実践経験 5 年以上の実践者 10 名を対象とする）。

（2）ワークショップ実践者への質問紙調査（（1）の協力者以外で実践経験が 1
回でもある実践者を対象とする）。

2.3.2　調査 1：インタビュー調査
(1)調査概要

　インタビュー調査の協力者は表 2.1 の通りである。協力者の選定に関して
は、実践歴、扱っているテーマ、所属等が偏らないよう配慮した。その結果、
協力者が扱っているテーマや所属は多岐に渡っている。

　インタビュー調査では、以下の内容に関して半構造化インタビューを行っ
た。なお、インタビューの実施期間は 2009 年 3 月〜 4 月であった。

（1）基本属性
・現在の勤務先とこれまでの勤務先の変遷
・現在の職名とこれまでの変遷
・年齢
・ワークショップをする時のスタイル（コミュニティに属しその一員として
実践する、一人で実践する、場合によって協働する相手を変えながら実践す
る等）
（2）ワークショップとのかかわり方に関する経験
・参加者としての経験
・スタッフとしての経験
・企画者として
・コーディネーターとして
・そのほか、ワークショップとのかかわり方の経験（例：取材、観察、見学、
本や映像など記録を見るといったもの等）
（3）専門職としての意識
・ワークショップ実践者に必要だと思うこと、そう考える理由
・すぐれたワークショップ実践者の条件、そう考える理由
・ワークショップ実践者として後進を育てることを考えた場合、身に付けて

おいてもらいたい、もしくは知ってもらいたいこと、そう考える理由
・他の仕事や活動の中で、ワークショップ実践をすることと通じる部分があ
ると感じられる職業、そう考える理由

表 2.1　インタビュー調査の協力者一覧

	性別	年齢	主軸となる業務
協力者 A	男	63	チルドレンズミュージアムの企画・立ち上げ
協力者 B	男	46	コミュニケーション研究
協力者 C	男	39	演劇の演出
協力者 D	男	45	ユーザーの思考プロセスの解明と機械設計
協力者 E	男	53	美術教育に関わる人材の育成
協力者 F	男	54	学芸員
協力者 G	男	39	教育普及担当学芸員
協力者 H	女	27	子ども向けワークショップの実施と実践者育成
協力者 I	男	34	デザイン教育
協力者 J	女	31	企業の社会貢献部門にて子ども向けワークショップの実施

(2)調査結果

ワークショップ実践者の専門性

1. ワークショップ実践者に必要だと思うこと、そう考える理由

　ワークショップ実践者に必要だと思うことについて、協力者 10 名の回答
をカテゴリにまとめたものが、表 2.2 である。

表 2.2　「ワークショップ実践者に必要だと思うこと」

ワークショップ実践者に必要だと思うこと	協力者
実践に方向性・ねらいを持つこと	A、H
計画的に進めつつ即興を楽しむこと	A
理論と実践のバランスをとること	B
人前に立つことへの恐れと喜びを両方持つこと	C
準備と確認をすること	D
コミュニケーション能力があること	B、E、G
全体を見渡す力があること	E

表現力があること	E
人をひきつける魅力があること	F
誰よりも自由で誰よりも冷静であること	F
どんなことにでも興味を持てること	F
実践時にプロセスを重視していること	I
多様な参加者の想いを受容すること	J

【例2-1：理論と実践のバランスをとること】

　「ワークショップ実践者に必要だと思うこと」について、協力者Bは「理論と実践のバランス」を挙げ、次のように述べている。

> ワークショップも運営っていうときも、たぶん色々事例を研究したりとか、これこれこういう理論でいうとこういう時に学習が促されるとかですね、創造性が発揮されるとか色々ありますよね。それは対象化して知識として学ぶことはできるんだけど、実践するときには、それはどうなってるのかっていうのはわからない。ほんとにやってみないとわからないっていう世界があって、だからバランスっていったのは、知識を入れれば入れるほど、それをワークショップで使いたがるし、それによってワークショップを説明したくなるんだけど、常にそれには限界があるっていうか、完全なものはない。でもそれを知りながら、でもワークショップって大事だなって思ってるから、ワークショップをやらなきゃいけないっていうか、ワークショップを選ぶという、なんかすごく矛盾というかそういうの抱えながらやってるっていう感じですよね。だから、あまりにもこうさらっときれいにまとまりすぎてるワークショップはどうも疑わしいって思っちゃうし、同時に楽しければいいよねっていう感じのなんか軽い意味でのね、ワークショップみたいなのだと、なんかもうちょっと理屈がほしいって思うし。（協力者B）

2. すぐれたワークショップ実践者の条件、そう考える理由

　すぐれたワークショップ実践者の条件だと思うことについて、協力者10名の回答をカテゴリにまとめたものが、表2.3である。

表 2.3 「すぐれたワークショップ実践者の条件」

すぐれたワークショップ実践者の条件	協力者
ユーモアがあること	A、
現場でやり過ぎない(目立たないくらいにする、存在を消す)こと	B、D、E
参加者の気持ちに想いを馳せることが出来る思いやり	C
伝えるべきルールなどをきちんと届けることができる	C
準備にかける情熱があること	D
当たり前の事でも多角的に見ることが出来ること	G
どんなことにでも興味を持て、理解しようとすることができること	G、I
ワークショップを一手段として捉えていること	H
自身が楽しんでいること	H
参加者に素直に共感できること	H
当たり前のことを当たり前にやる自然さがあること	H
参加者に無理の無い企画を立てること	J
目的がわかりやすい企画を立てること	J

【例 2-2：現場でやり過ぎないこと】

　「すぐれたワークショップ実践者の条件は何だと思いますか」という問い
に対して、協力者 E は、「教師」との比較をしながら、以下のように述べて
いる。この発話からは、協力者 E は全ての教師と「ワークショップ実践者」
が異なると主張しているのではなく、イギリスのフリースクールを事例とし
て挙げ、そこの教師の姿を「ワークショップ実践者」の在り方としても一つ
の理想形として捉えつつも、「どういうワークショップがいいのか」を模索
中であることが伺える。

（ワークショップ実践者も、）先生も同じなんですよね。僕も教師論をやろうと思っ
た、よい教師とは何か。ま、置き換えたとすれば、僕の結論はね、何もしない人な
んですよ。で、それはどこでそう思ったのかっていうと、ニールって人のサマーヒ
ルっていう学校、イギリスにあるの知ってます？ 1920 年くらいに作られたほんと
に一番古いフリースクールなんですね。で、美術教育の方では創造主義っていう昭
和 30 年代くらいに流行った運動の中でニールが紹介されて、サマーヒルの教育が
結構知られるようになったんですけど、（中略）そのニールのサマーヒルをイギリス
に留学した時に訪ねたんです。で、それ以外にも本で読んだのかもしれないけど、
結局強い主張をする金八型のやつっていうのが、やっぱり最も害を及ぼしちゃうん
ですね。で、先生っていうのは結構、金八型好きなんですよ。なんかリードしちゃ
うような。でも、結局、先生っていうのは「先に行く人」ですよね。「先に歩いて

行く人」なんで、別に何か、「ついて来い」ってわけじゃない。「自然について行く」、ですよ。そういうイメージなんですよ。だから「お前俺について来い！」っていうんじゃなくて、先生が先に歩いてると何か知らないけどついて来ちゃうみたいなのがいいんじゃないかなと。で、ニールの学校の先生たちはそんな感じなんですよ。実際にそんな人ばっかりじゃないと思うんだけど、そんな人もいて何かいい感じだな、みたいな。それはやっぱりいろんな人がいるので、そういうのを許容するためには、あんまり先生が個性を出しちゃうと、害の方が大きいんじゃないのかなっていう感じ。で、ワークショップもある種一つの目的を短時間で達成するためにある程度仕切って色々やってかなきゃいけないので、それなりの仕掛けが必要なんだろうけど、最終的な、どういうワークショップがいいのかわかんないんです。(協力者 E)

3. ワークショップ実践者として後進を育てることを考えた場合、身に付けておいてもらいたい、もしくは知ってもらいたいこと、そう考える理由

　ワークショップ実践者が、後進に習得して欲しいと思うことについて、協力者 10 名の回答をカテゴリにまとめたものが、表 2.4 である。

表 2.4　「後進に習得して欲しいこと」

後進に習得して欲しいこと	協力者
体験したことを抽象化して言語化できるようよく見る(観察する)こと	A、E
今興味を持っていることを一生懸命やること	B
他者への参加のしてもらい方を知ること	C
実行力があること	D
準備にこそエネルギーを割く必要があることを理解すること	D
実践中自分にどの段階でどのくらい負荷がかかるか認識していること	D
参加者に対して人としてきちんと向き合うこと	F、J
世の中に驚きや発見を沢山感じられること	G
物事を他面的・柔軟に見られること	G
実践に対する心構えを持っていること	H
既存のワークショップの実践に理想を追い求めないこと	I

【例 2-3：よく見ること】

　「ワークショップ実践者として後進を育てることを考えた場合、身に付けておいてもらいたい、もしくは知ってもらいたいこと」について、協力者 E は「観察する。見る能力をつける」ことを大事だとし、次のように述べている。

やっぱりよく見ることですよね、一番大事なのは。観察する。見る能力をつけることですよね。その後は、子どもに、僕は子どもを対象にしているんで、寄り添って行くことですかね。それ以上でなくていんじゃないかなって気がしますけどね。後はその子のやりたいことをある程度見られるようになってくる。その人が何をしたいにもよるけども、ワークショップ作りたいんだったら、作り方を勉強してもらうっていうかな、コンセプト作りからみたいな、それはなかなか難しいんですけど。そういう作り方の本を、これをベースにして本を作る、作り方の本をちょっと作りたいなと思ってるんですけど。(中略)コンセプト作りから企画、運営、まとめまでね。リフレクションの仕方なんかもそうですし、ファシリテーションは技術なんかもあったりするんで。ま、だからそういうのも勉強してもらいたいと思いますけど、それもでもその人が何したいかによるんじゃないかな、と。(協力者E)

　実践を「観察する」「見る」ことの重要性については他にも指摘している実践者がおり(協力者A)、さらに、これは参加者の意図を理解することやきちんと向き合うことを重要だと指摘した意見とも通じるものがあると考えられる。

　ここで、「1. ワークショップ実践者に必要だと思うこと、そう考える理由」「2. すぐれたワークショップ実践者の条件、そう考える理由」と併せて検討し注目したいのは、参加者の意見を受け容れるだけではなく、他者への参加のしてもらい方を知っていること(協力者C)や、伝えるべきルールなどをきちんと届けることができること(協力者C)も大事であると指摘した実践者もいたということである。

　このことから、受け容れることだけではなく伝えること、即ち、そのバランスがとれる「コミュニケーション能力があること」(協力者B、E、G)が、重視されていることが伺える。

【例2-4：構えを持つこと】

　「ワークショップ実践者として後進を育てることを考えた場合、身に付けておいてもらいたい、もしくは知ってもらいたいこと」について協力者Hは以下のように述べている。

自分のこうしたいっていう、私たちは願いって言っちゃってるんですけど、願いとか想い、もっと簡単な言葉で言ったら**目標みたいなものがちゃんとある人、明確な人**が、実践者である人さだなって思いますね。繰り返しになってしまうんですけど、結局ワークショップって手法なので、それがなくて、なんかワークショップっぽいことをやるとか、ワークショップのこういうノウハウがあって、ノウハウ通りやったら人がこんなふうになるみたいなふうには全然思ってほしくなくて。やっぱりその想いに到達するために、その願いに到達するためにこういうふうなやり方でやるんだよっていうところがしっかりしてない限り、なんか変な方向にいっちゃうと思うんですよね。別にすばらしい新しい学び方の手法でもなんでもないと思うんですよね。（協力者 H）

まとめ

　インタビュー調査に関して、(1) ワークショップ実践者に必要だと思うこと、(2) すぐれたワークショップ実践者の条件、(3) ワークショップ実践者として後進を育てることを考えた場合身に付けておいてもらいたいもしくは知ってもらいたいことと、の 3 項目について発話データを分析した。その結果、ワークショップ実践者が専門性として重視している内容を下記のように抽出することができた（表 2.5）。

表 2.5　「ワークショップ実践者の専門性」として認識されていること

ワークショップ実践者の専門性
実践に方向性・ねらいを持つこと
計画的に進めつつ即興を楽しむこと
理論と実践のバランスをとること
人前に立つことへの恐れと喜びを両方持つこと
準備と確認をすること
コミュニケーション能力があること
全体を見渡す力があること
表現力があること
人をひきつける魅力があること
誰よりも自由で誰よりも冷静であること
どんなことにでも興味を持てること

実践時にプロセスを重視していること
多様な参加者の想いを受容すること
現場でやり過ぎない（目立たないくらいにする、存在を消す）こと
参加者の気持ちに想いを馳せることが出来る思いやりがあること
伝えるべきルールなどをきちんと届けることができること
当たり前のことでも多角的に見ることができること
どんなことにでも興味を持て、理解しようとすることができること
ワークショップを一手段として捉えていること
自身が楽しんでいること
参加者に素直に共感できること
当たり前のことを当たり前にやる自然さがあること
参加者に無理の無い企画を立てること
目的がわかりやすい企画を立てること
体験したことを抽象化して言語化できるよう、よく見る（観察する）こと
今興味を持っていることを一生懸命やること
他者への参加のしてもらい方を知ること
実行力があること
実践中、自分にどの段階でどのくらい負荷がかかるのか認識していること
参加者に対して人としてきちんと向き合うこと
実践に対する心構えを持っていること
既存のワークショップの実践に理想を追い求めないこと

　これらを(1)デザイン（「参加者にあった内容にする」、「事前準備」など）、(2)当日の運営（「参加者の気持ちを尊重する」、「参加者に関わりすぎない」など）、(3)実践者としてのスタンス（「自分の感性に正直」、「参加者と対等に向き合う」など）、に大別し、ワークショップ実践者が意識している専門性をさらに質問紙調査する上で、質問紙の項目作成をすることが可能だろう。

(3) 考察

ワークショップ実践者の専門性はどのように養われてきたか・養われているか

　インタビュー調査の結果から、ワークショップ実践者が専門性として重視している内容が、企画段階、当日の運営段階、実践者としての信念・価値観というカテゴリに整理できることがわかった。

　では、これら「専門性だとみなされていること」は、現場でどのようにして養われてきたのだろうか。また、どのような養われ方をしているのだろうか。実践者の専門性についての意識および後進への接し方についてインタビューした結果、実践者個々の経験は異なるものの、いくつかの特徴が示唆された。事例を見ながら考えてみたい。

【事例：協力者 F（実践歴 25 年目）】

　相次ぐ県立美術館建設が一段落した 1980 年代、東京都内には多くの区立美術館が生まれた。これらの中には、地域密着型の展開をすべく教育普及活動に力を入れ、体験を重視したワークショップ活動を積極的に導入した館がいくつかある。これらの館には、従来のような美術史専攻の者だけではなく、造形講座を担当する即戦力となる美術大学卒のスタッフが採用される傾向があった。

　協力者 F の着任した S 美術館は、美術館でのワークショップ黎明期である 1986 年開設である。S 美術館の教育普及活動について先駆的だったことは現在でも評価されているが、それを牽引していたのが協力者 F であった。当時は同じような志を持つ学芸員が絶対的に少なかったことから、その交流も多くはなかった。また、活動や方針に対して、外部からの理解が得られないこともしばしばあったという。

　協力者 F は、このような状況に対して「闘い」という表現を用いて次のように述べている。

何の「闘い」だったかっていうと、もちろんその旧態依然とした考え方、教育普及的なことなんか、別におまけみたいなものだからどうだっていいんだというような考え方に対する「闘い」だったのかもしれないし、あるいは自分自身の居場所を作る為の「闘い」だったかもしれない。例えば、ＯもＦも（注：同じような取り組みをしていた区立美術館の学芸員）私もみんな美大の出身でね。当時美大出身の学芸員って身の置き所がないっていうかな。普通の美術史系の学芸員が主流だったから、だから結局同じようなことじゃなくて、自分で自分の仕事を作ってくっていうのかな、自分の居場所を作ってくっていうのかな、美術館における自分の存在意義みたいなものを自分で作っていかないと、駄目だったんですよ。だから、まず一番やらなくちゃいけないこと、自分の仕事を作ること。

── 作ることの中には周りからその仕事を認めてもらうってことも入っていますか？
そうですね。だから、面白かったのが、結局最初のオープニングの時にワークショップ６つやったんですけど、で、もうそれは美術館的には何の評価もされないもんだったんですよね。別に評価されようと思ってやってるわけじゃなくてね、だからその時は子どもの作品の展示をして、子どもが活動してる場所をとにかく見せたいと思ったんで、それでワークショップって名前をつけてやったんだけど。それが例えば教育美術とか雑誌を取材してる人から外部からあれはとってもよかったって話が館長の耳に入ったりするわけですよ。そうすると、掌を返したように、変わってくわけですよね。だから、美術館の中で認めてもらうっていうことは、ついぞなかったと思いますけども、外の方からそういった活動に対する評価っていうのがあってね。（中略）例えば、学芸大学でも伊藤寿朗[1]さんって方がいて、亡くなってしまったけれども、彼は『ひらけ博物館』って、結構、α大の最初の頃のね、学芸員の博物館学か育成で随分尽力した人。彼が私のことを評価してくださったんだね。まだ私が孤軍奮闘してる時に、ひょっこりやってきて、「Ｔくんがやってくれてる仕事っていうのは、これから必ず評価されて、美術館における仕事の中でも重要な役割を果たすことになるから」。で、「何をするのか？」って、「じゃあα大学に来て話をして下さい」って言われて。で、その時に初めて大学に行って話をしたね。（中略）多分 30 の中頃だと思いますね。その頃急に大学で教育普及みたいなのが注目され始めたんですよね、にわかに。（協力者Ｂ）

　新しく入ったスタッフへの対応については、次のように述べている。

── 新しく入ったスタッフに最初から仕事を任せるんですか？
任せます。だって、自分がそうしてきたんだもん。誰にも聞く人がいなくて、全部自分で。だから、出来るはずなんですよ。

── 逆にそういう経験をさせようと？
うん。そう。駄目だったらちゃんとこっちで助け舟を出す準備はいつでもできてるわけだから。私の場合はいつも後ろは絶壁だったから。悩むって時間もなかったね。

> とにかく突っ走ってきたっていう感じだね。ほんとに、考えてる時間なんてなかったな。ほんとに脇目もふらずに走ってきたっていう感じですね。喩えていえば、（中略）「闘い」っていうとちょっと語弊があるかもしれないけども、でも感覚的にいうとそういう感じだね。だからといって闘って勝ち取ってきたっていう意識はないんですよ。（協力者B）

　ワークショップ実践に関して参照可能な前例がなかった時代に、どのように自らの活動の場を切り拓いてきたのかについて、協力者Fは次のように語っている。

> はっきり言ってもう論理的じゃないんですよ。私の仕事。他の人は知りませんよ。私のやり方っていうのは全く論理性のない、もうほとんど思いつきです。だから、例なんかなくてなぜできるのかっていうと、色々思いつくから。これやったら絶対面白いなとか、これあったらどうなるかなっていう、ただそれだけ。多分、思いついたことを非常に馬鹿正直ですから、やっちゃう。やって、やっぱり良くなかったかなってこと、そこなぜ良くなかったのかっていう部分を変える、改良するなりして、次に活かすようにする。常に面白いことをやろうっていうのがモットーだったんですよね。だって、つまんなきゃ絶対人来ないわけで。大人の人でも。面白いってことは絶対的だと思ったんで。面白いこと考えるのはいくらでも考えられますから。ミュージアムオリエンテーリングっていう美術館を探検する、そういうワークショップがあるんですけども、それでこんなでっかいすごろくを作ったのね、さいころを。今よくテレビでやってるけども。それを子どもたちが中庭で転がして、それですごろくをやるっていうのをやったの。やっぱり大学で研究している学生さんだったかな、それ見てて、「このすごろくにどんな教育的な配慮があるんですか？」って。「ねえよ、そんなの。面白いからやってんじゃん。」って。だから、常に面白いっていうのが一番の基準にあって。その3時間だったら3時間面白く続けるっていう、楽しみ続けるようなものをどうやったら。結局遊びを考えるのと一緒ね。どうやったら楽しく遊べるかっていう。で、何を使ってどうやったら面白かっていう。それだけですかね。（協力者F）

【事例：協力者H（実践歴6年目）】

　協力者Hは大学生の時ワークショップと出会い、スタッフ歴6年、企画に携わるようになって5年の女性である。一度は一般企業への就職もしたが離職し、再度、学生時代に参加していたワークショップ実践者集団に関わるようになった。現在は自身が企画・運営を手がける他、実践者育成を体系立てて行うための育成プログラムをデザインするメンバーとして活躍する。

> （他の実践者のワークショップに参加するという経験は、）関わり始めてからというよりも今回の育成プログラムを作るにあたって、だからほんと最近の方が多くって。それこそ S 美術館でやっている、『誰もいない美術館』っていう美術作品を見て、身体表現で表すというような、それはアーティストの方が来てたんですけど、そういうようなダンスのワークショップに参加したりとか、あとはいわゆるメディアワークショップですよね。子ども向けに開発されてるのを大人でやってるときのものに参加したりとか、あとは、写真のワークショップとかワークショップと名前の付くものには結構色々参加してます。演劇のワークショップとか。意識的にまわりました。見学は結構あるんですけどね、また違いますよね。参加となると。（協力者H）

　また、協力者Hは、積極的に他者の実践の取材や見学を行っているとも述べている。

> 取材・見学は、完全に、してます、ね。観察も自分で研究してるっていうのもありますし。参加もありますし、実際やってるのもありますし。本とかも読んでます。本や映像で記録を見るということもあります。（中略）やっぱり、自分が参加したのが一番印象に残りますね。いろんな意味で。観察、ただ見るだけっていうよりは、実際やるっていう経験で。印象に残るものがそれぞれ違うんですけど、立ち位置によって。そうですね、それが印象に残ってますかね。参加するっていっても、プライベートでこのワークショップ絶対参加したくてっていうよりは、どっちかっていうとちょっと調査的な意味合いも含めて行っているので、どうしてもそういう自分としていくので、その立ち位置意識してしまうっていうのはあるんですけども。（協力者H）

　さらに、協力者Hは、他者の実践を見ることによって気づきがあると述べている。例えば、演劇ワークショップ実践者 K.Y. の実践を見ることで、「わかっていないなりに出来ていくっていう感覚」に強く揺さぶられ、「1から10まで全部わからせてからスタートする必要ないんだな」と感じ、「1わかってる子がいて、10わかってる子がいて、3しかわかっていない子がいて、そこが混じり合うからこそコミュニケーションが生まれたりする」ということを学んだという。そこで得た気づきを自身の実践に生かすこともあるという。これは、実践者が他者の実践を見ることによって大きな刺激を受け、実践に対する信念が変わっていることを示唆する。すなわち、他者の実践を見ることで、協力者Hには大きな学びがあったと言えるのではないだろうか。

　また、協力者Hは、他者の実践を見ることに関して、別の事例について次のようにも述べている。

> ほんと素敵だなと思ったのは、仙台のα（注：αは団体名）っていうところの人なんですけど、その人ほんと優れてるなと思うんですけど、もちろんその人にとってのワークショップっていうのはもう一手段でしかないっていうことがまず一つあるっていうことと、あとは、自分自身がすごく楽しんでる。ワークショップやってる時も。誰よりも一番良い参加者というか。面白がる気持ちを持ってる人だな、とか。あとは本当に子どもに素直に共感できる人だなっていうところもありますし。（協力者H）

　協力者Hは、演劇ワークショップの実践者K.Y.、および、仙台の団体αを主催する実践者に、「見学」というかたちで触れている。前者からは新しい気づきがあり、方法論を取り入れるというかたちでの変化が見られた。一方、後者に対しては、「本当に優れている」と感じ、自身の実践を振り返るきっかけになったとし、下記のように述べている。

> ワークショップっていうと結構いいことやってて、褒めてあげなきゃいけない、認めてあげなきゃいけない、みたいな空間の意識が強いっていうふうに私は思っちゃうんですけど、その人（仙台の団体αを主催する実践者）全然そうじゃなくって、ダメなことはダメだし、社会にとって当たり前のことは当たり前として、その場でデザインっていうか、やってるっていう、その自然さ、ほんと自然なんですよね。素敵だなって思いましたね。自分の反省点でもあるんですけど、私たちって教育畑というか教育的なワークショップをやっちゃってるんで、企画を練って、こういうふうに仕掛けを作って、子どもたちにこのプログラムを、みたいなふうにやってると、自分たちが楽しんだりとか作品に没頭してやってる経験がないのに、コーディネイターとかファシリテーターやっちゃってることがあるんですね。（協力者H）

　では、ワークショップ実践者は他者の実践を見学することでいつでも学びが得られるのだろうか。そうでないとしたら、どのような場合において、学びが起きると考えられるだろうか。協力者Hは、それを考えていく上で重要だと考えられる発言をしている。

78

> まずは構えができてないとダメだと思うんですよ。例えば、基準表書いて空気を読んでとか、そういうことは、細かいのいっぱいあるんですよ。でもそういうことじゃなくってまず構えなんですよね。まず、そこが出来てからじゃないと細かいところがついてこないっていうか。(中略)自分の経験からいうと、ほんとにやっぱりいろんなところの行ったり来たりだなと思って、実践者やって参加者やって、観察もして、色んなところの視点で色んなものを見て、それを行ったり来たりしてるんですね、私。そういう中で(構えが)出来たのかなって思うところがあるんで、まず一つそれはあるんじゃないかなって。それが私たちがやってる入れ子の構造でもあるんですけど。視点を変えてみる、立ち位置を変えてもう一回物事を捉え直してみるとかっていうのは、一つあるんじゃないかな。(協力者H)

まとめ

　本インタビュー調査の結果から、ワークショップ実践歴の違いによって、(1)実践者本人が学んできた社会背景、環境が大きく異なること、(2)後進を育成することに対しての考え方および実際に行うアプローチが異なっている可能性があること、が示唆された。

2.3.3　調査2：質問紙調査

(1)調査概要

　インタビュー調査の結果から抽出されたワークショップ実践者が専門性として重視している内容(32項目)をもとに、重複する内容をまとめるなどの吟味を行い、専門性を測ることのできる可能性のある調査項目として26の設問を策定した。

　これらの設問は、(1)デザイン、(2)当日の運営、(3)実践者としてのスタンス、の3つに分けることができる。この3つの区分は、2.3.2のインタビュー結果およびワークショップに関する先行研究(第1章)から考案されたものである。(1)のデザインは、「参加者にあった内容にする」、「事前準備」など6項目、(2)の当日の運営は、「参加者の気持ちを尊重する」、「参加者に関わりすぎない」など6項目、(3)の実践者としてのスタンスは、「自分の感性に正直」、「参加者と対等に向き合う」など14項目である。

　これに加え、(1)基本属性、(2)日常の生活スタイル、(3)ワークショップへの関わり方(7種)それぞれに経験の度合い、(4)ワークショップ実践者育

成への現状での関わり方、等について、インタビュー調査の結果(2.3.2)や先行研究(第1章)をもとに項目を作成した。

　質問紙調査では、経験年数5年に満たない実践者にも協力を依頼することとした。これは、経験の程度や関わり方の軽重によってもワークショップ実践を行う上で何を重要視しているかという意識に違いがあることが予想されるためである。経験回数や関わり方のバリエーションについても調査項目に入れることとした。ワークショップ実践歴は「スタッフとしてワークショップに関わった年」および「企画者としてワークショップに関わった年」のいずれか早い方を起点として年数を数えた。本調査の実施は2009年7月〜9月である。

　対象者へのアクセスは筆者の既知のワークショップ実践者からさらに知人を紹介してもらいながら協力者を捜していく、スノーボールサンプリングという手法を採用している。この方法の採用理由は、ワークショップ実践とその実践者という本研究対象の特性に依拠している。ワークショップは多領域にまたがって実践が行われているため、全ての実践者が登録されている台帳が存在していないのが現状である。そのため、厳密なサンプリング調査は難しい。そこで、できる限り偏りが生まれないよう、多くの方から紹介を受けそのコネクションから調査ルートを確保するよう努めた。

　対象者の選定に関して、インタビュー調査(2.3.2)の協力者A〜Jは重複となるため選定していない。インタビュー調査(2.3.2)と同様に実践歴、扱っているテーマ、所属等が偏らないよう配慮した。その結果、135名からデータを取得し、実践歴を検討するために必要なデータ(「スタッフとして参加した年」または「企画者として参加した年」)が欠損しているものを除き、120名を分析対象とした。

(2)調査結果
ワークショップ実践者の実践歴の分布
　調査の対象となったワークショップ実践者における実践歴の分布(図2.1)、ワークショップ実践者における実践歴の記述統計量(表2.6)を見てみ

たい。

　実践歴が一番長い者で 33 年であった。これは、日本国内での実践が 1970 年代後半から始まったという文献情報とも符号する。

　実践歴が 3 年目というところにピークが 1 つあり、もう 1 つのピークが 9 年目である。即ち、ワークショップ実践者にはこの 2 つの分厚い実践者の層が存在しており、研究史などとも照らし合わせると、この時代にブームが存在したことも推察される。

　さらに、実践歴 10 年を越えた実践者もいることから、実践者について 3 層で捉えていくことが有効ではないかと考えられる。この 3 層は異なった文化を形成している可能性もある。

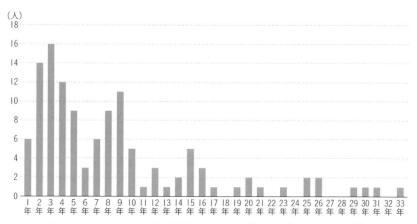

図 2.1　ワークショップ実践者における実践歴の分布（2009 年現在）

表 2.6　ワークショップ実践者における実践歴の記述統計量

平均値	中央値	最頻値	第1四分位	第3四分位	分散	標準偏差
8.43	6.5	3	3	10	52.75	7.26

実践歴の違いによるワークショップ経験の差異

　ここでは、実践者の実践歴の分布から示唆された 3 つの層の存在に加え、様々な専門分野での力量形成研究、熟達化研究の知見を参考に、1 ～ 4 年目を初心者、5 ～ 9 年目を中堅、10 年以上をベテランという、3 つの操作的カ

テゴリを設定する。実践歴のカテゴリと該当する実践者の人数は 1 〜 4 年目
(初心者)が 48 人、5 〜 9 年目(中堅)が 38 人、10 年以上(ベテラン)が 34 人
であった。

　初心者、中堅、ベテランの 3 群で、ワークショップ経験がどのように異な
るかを示したのが、図 2.2、図 2.3、図 2.4、図 2.5 である。ワークショップ
への関わり方を、役割や立ち位置に着眼し、(1)参加者、(2)運営スタッフ、
(3)企画者、(4)コーディネーター、(5)見学・観察・取材、(6)本・記録に
触れる、(7)ワークショップに関する講演や授業などをする側、という 7 つ
に分け、それぞれに対する経験の有無について、百分率で表示した。

　それぞれのワークショップへの関わり方の経験の有無が初心者、中堅、ベ
テランの 3 群で異なるのかをフィッシャーの直接確率法で検定した結果、運
営スタッフの経験以外の全ての経験で有意差が認められた(参加者：p<.05,
運営スタッフ：n.s., 企画者：p<.001, コーディネーター：p<.001, 見学・観察・
取材：p<.05, 本・記録に触れる：p<.05, 講演や授業などをする側：p<.001)。

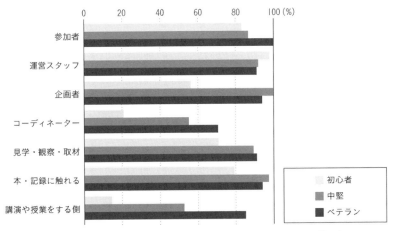

図 2.2　初心者・中堅・ベテラン実践者のワークショップ経験

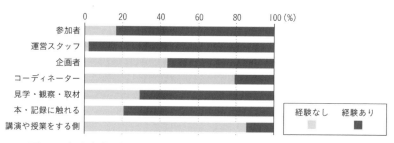

図 2.3　初心者（経験 1 〜 4 年目）の実践者 48 人のワークショップ経験

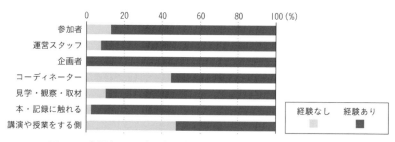

図 2.4　中堅（5 〜 9 年目）の実践者 38 人のワークショップ経験

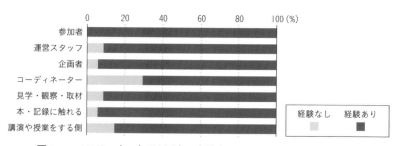

図 2.5　ベテラン（10 年目以上）の実践者 34 人のワークショップ経験

　また、表 2.7 は、ワークショップ実践歴と実践への関わり方における多様性について検討したものである。実践への関わり方の種類数を従属変数とし、初心者、中堅、ベテランの 3 群を独立変数としてクラスカル・ウォリス検定を行った結果、初心者、中堅、ベテランの違いによってワークショップ実践への関わり方が有意に多様であることが示された（$\chi^2(2)$=41.20, p<.001)。さらに初心者–中堅、中堅–ベテラン、ベテラン–初心者の各対について、ウィルコクソンの順位和検定を行った結果、いずれの対においても有意差が認められた(初心者–中堅：z=4.73, p<.001、中堅–ベテラン：z=2.11, p<.05、ベテラン–初心者：z=5.97, p<.001)。初心者から中堅、ベテランとなるにしたがって、ワークショップ実践への関わり方の多様性が増していくことがわかる。

表 2.7　ワークショップ実践歴と実践への関わり方における多様性

経験した関わり方	1種類	2種類	3種類	4種類	5種類	6種類	7種類
初心者	2.08	8.33	22.92	18.75	29.17	16.67	2.08
中堅	0	0	5.26	10.53	21.05	31.58	31.58
ベテラン	0	0	2.94	2.94	14.71	23.53	55.88

(単位は%、小数第三位を四捨五入)

図 2.6 は、経験したことのあるワークショップのジャンル数を、実践歴の違いによって比較したものである。本調査では、ワークショップのジャンルを便宜的に 14 ジャンル[2] 挙げ、さらにその他というカテゴリも設けた上で、それぞれに対し何らかの関わり方をしたことがあるかを尋ねている。

初心者の中央値は 3 ジャンル、中堅の中央値は 3.5 ジャンル、ベテランの中央値は 6 ジャンルだった。経験したことのあるワークショップのジャンル数を従属変数とし、初心者、中堅、ベテランの 3 群を独立変数としてクラスカル・ウォリス検定を行った結果、初心者、中堅、ベテランの違いによってワークショップ実践への関わり方が有意に多様であることが示された($\chi^2(2)$ =23.82, p<.001)。さらに初心者–中堅、中堅–ベテラン、ベテラン–初心者の各対について、ウィルコクソンの順位和検定を行った結果、いずれの対でも経験したことのあるジャンル数で有意差が認められた(初心者–中堅：z=2.08, p<.05、中堅–ベテラン：z=2.69, p<.01、ベテラン–初心者：z=4.97, p<.001)。

初心者、中堅よりもベテランの方が、経験したワークショップのジャンルが多い。また、初心者・中堅は 1 ジャンルのみ経験している者が約 15%を占めたのに対し、ベテランは最少でも 2 ジャンルを経験していた。

実践歴の違いによるワークショップ経験の差異は、役割や立ち位置だけで

はなく、経験しているジャンルの差もあることがわかった。また、初心者が
ジャンルをまたいだ活動をしない傾向があることから、現状では、ジャンル
を越えた実践者同士の交流は、実践歴が長くなるにつれ現れる特徴だと推察
される。

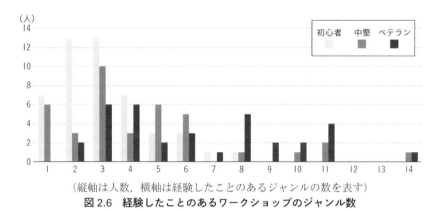

（縦軸は人数、横軸は経験したことのあるジャンルの数を表す）
図2.6　経験したことのあるワークショップのジャンル数

実践歴の違いとワークショップ実践者の専門性意識

　専門性に関する26項目のうち、ワークショップの最中どのように参加者
と接するかなど、「当日の運営」に関する部分は初心者・中堅・ベテランで
差異が少なかった。即ち、初心者の段階から既に専門性に対する意識の共有
が比較的図れていると考えられる。一方、「デザイン」「実践者としてのスタ
ンス」に関するものには、実践歴による差異が見られた。

　勿論、意識の共有が図れていれば必ず行動できるかといえば、そうではな
い。だが、実践歴の差異によって著しく専門性意識が異なるものがあるとす
れば、それこそが実践の積み重ねの中で実践者が学習し意識変容した結果で
あり、今後、実践者育成で重点を置くべき課題ではないだろうか。

　そこで、実践歴で分割した3つのカテゴリ間で、専門性意識に対する差異
点があるのかを検討し、今後実践者育成をする上で、留意すべき視点を考え
る。質問紙の問11における26項目に対し、フィッシャーの直接確率法に
よる検定を行った（表2.8）。

　その結果、「(1)ワークショップの企画では、どのように進めるかという方向性をはっきりさせることが大切だ」では 10%水準で、「(18) ワークショップをする人は、普段から何でも面白いと感じられるような好奇心を持っていると良い」では 10%水準で、「(20)ワークショップをする人は、ささいなことであっても手間をかけることを厭わない人であるべきだ」では 5%水準でそれぞれ有意な差が認められた(図 2.7、図 2.8、図 2.9 参照)。

86

表 2.8　質問紙調査【問 11】(ワークショップに関する意識について³⁾)の結果

		とても そう思う	そう思う	どちらとも いえない	そう 思わない	全くそう 思わない	p値
(1) ワークショップの企画では、どの ように進めるかという方向性をはっきり させることが大切だ。	初心者 中堅 ベテラン	12 16 13	29 15 12	5 6 8	0 1 0	0 0 1	0.099 p<.10
(2) ワークショップをするとき、事前 の準備は特に重要ではない。	初心者 中堅 ベテラン	0 1 1	0 0 0	1 0 2	9 9 10	38 28 21	0.393 n.s.
(3) ワークショップをする場合、過去 に自分がしたワークショップにこだわる のは良くない。	初心者 中堅 ベテラン	4 4 1	15 9 12	17 23 17	10 2 2	1 0 2	0.102 n.s.
(4) ワークショップを企画するときは、ス タッフ主導で進む部分と参加者にゆだねる 部分が両方ある組み立て方を心がけている。	初心者 中堅 ベテラン	12 9 12	25 19 13	10 8 6	1 2 2	0 0 0	0.813 n.s.
(5) ワークショップを企画するときは、 参加者が活動自体を楽しめることを重 視している。	初心者 中堅 ベテラン	16 10 7	12 14 15	12 9 11	6 5 1	2 0 0	0.351 n.s.
(6) ワークショップを企画するときは、 参加者が最終的な成果に満足できるか を重視している。	初心者 中堅 ベテラン	14 11 8	9 14 18	8 9 15	3 5 4	2 0 0	0.273 n.s.
(7) ワークショップにおいて、参加者 に活動のねらいや目標をはっきり伝える 必要はない。	初心者 中堅 ベテラン	1 0 0	10 8 1	17 13 14	15 9 13	5 8 6	0.191 n.s.
(8) ワークショップの企画は、参加者 にあった内容になるようにするべきだ。	初心者 中堅 ベテラン	13 10 9	20 11 18	12 15 5	3 2 2	0 0 0	0.33 n.s.
(9) ワークショップ当日は、全体を見 渡しながらスタッフや参加者とコミュニ ケーションをとることが重要だ。	初心者 中堅 ベテラン	36 26 21	12 11 12	0 1 1	0 0 0	0 0 0	0.564 n.s.
(10) ワークショップ当日は、冷静にふ るまうことが重要だ。	初心者 中堅 ベテラン	5 9 6	20 10 8	15 16 17	7 3 3	1 0 0	0.309 n.s.
(11) ワークショップ当日、参加者やス タッフの話を聴きながら、事前に準備し た企画を修正していく必要がある。	初心者 中堅 ベテラン	12 13 19	29 21 13	5 3 2	2 1 0	0 0 0	0.146 n.s.
(12) ワークショップをする人は、相手 に自分の話を聴いてもらえるように、自 分なりの方法をもっておくべきだ。	初心者 中堅 ベテラン	15 12 10	24 15 17	7 10 7	1 1 0	1 0 0	0.876 n.s.
(13) ワークショップ当日は、参加者に 関わり過ぎないようにすることが大切 だ。	初心者 中堅 ベテラン	3 2 3	11 9 7	21 16 16	10 11 6	3 0 2	0.866 n.s.

		とても そう思う	そう思う	どちらとも いえない	そう 思わない	全くそう 思わない	p値
(14) ワークショップ当日は、参加者の 気持ちを尊重し受けとめることが重要 だ。	初心者	14	26	8	0	0	0.868
	中堅	14	16	8	0	0	n.s.
	ベテラン	11	17	6	0	0	
(15) ワークショップにおいて、参加者 とは、人として対等な関係で向き合う ことが重要だ。	初心者	23	17	6	2	0	0.998
	中堅	19	14	4	1	0	n.s.
	ベテラン	15	14	4	1	0	
(16) ワークショップの当日になって、 事前に計画したことを大きく変えるべ きではない。	初心者	3	9	15	16	5	0.801
	中堅	1	8	14	9	6	n.s.
	ベテラン	1	3	12	2	6	
(17) ワークショップをする人は、ワー クショップでの自分なりの役割を理解 していることが重要だ。	初心者	18	28	2	0	0	0.537
	中堅	12	22	4	0	0	n.s.
	ベテラン	15	17	1	1	0	
(18) ワークショップをする人は、普段 から何でも面白いと感じられるような 好奇心を持っていると良い。	初心者	11	29	7	1	0	0.083
	中堅	19	15	4	0	0	p<.10
	ベテラン	14	13	7	0	0	
(19) ワークショップをする人は、自分 の面白いと感じる気持ちに素直である と良い。	初心者	15	23	9	0	0	0.315
	中堅	19	15	3	1	0	n.s.
	ベテラン	11	18	5	0	0	
(20) ワークショップをする人は、ささ いなことであっても手間をかけることを 厭わない人であるべきだ。	初心者	4	24	15	4	0	0.015
	中堅	14	14	6	3	1	p<.05
	ベテラン	7	15	12	0	0	
(21) ワークショップをする人は、自分 の考えをすぐに実行に移せる人がよい。	初心者	2	14	28	3	1	0.284
	中堅	8	11	15	3	1	n.s.
	ベテラン	4	13	16	1	0	
(22) ワークショップをする人は、普段 の生活でも、様々な視点でものを見る ことができると良い。	初心者	15	27	6	0	0	0.136
	中堅	22	14	2	0	0	n.s.
	ベテラン	15	16	2	1	0	
(23) ワークショップをしているときは、 参加者に対して素直に共感できること が重要だ。	初心者	12	23	11	2	0	0.825
	中堅	13	16	7	1	1	n.s.
	ベテラン	8	20	5	1	0	
(24) ワークショップをする人は、自分 の体験を言語化できなくても良い。	初心者	0	3	19	21	5	0.678
	中堅	0	4	9	19	6	n.s.
	ベテラン	0	2	13	13	6	
(25) ワークショップをする人は、普段 から自分の興味があることに対して一 生懸命であると良い。	初心者	5	27	15	1	0	0.171
	中堅	8	21	6	2	1	n.s.
	ベテラン	8	14	12	0	0	
(26) ワークショップをする上でお手本 としている人がいることは良いことだ。	初心者	9	28	8	3	0	0.202
	中堅	12	16	9	1	0	n.s.
	ベテラン	7	12	13	2	0	

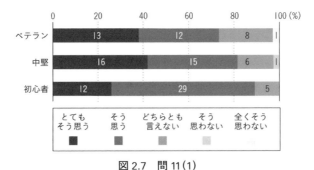

図2.7　問11(1)
ワークショップの企画では、どのように進めるかという方向性を
はっきりさせることが大切だ。

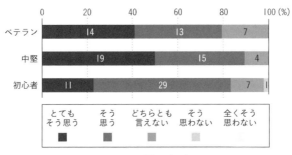

図2.8　問11(18)
ワークショップをする人は、普段から何でも面白いと感じられるような
好奇心を持っていると良い。

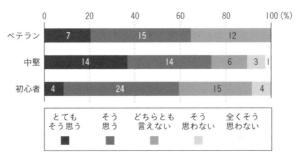

図2.9　問11(20)
ワークショップをする人は、ささいなことであっても
手間をかけることを厭わない人であるべきだ。

　このような違いはどのようにして生まれてくるのか。ワークショップ実践者の思考のあり方が実践歴を経ていくなかでどのように形成されていくのかについて、知見がないのが現状である。長期的視座でワークショップ実践者の思考を捉えることも、今後、検討していく必要があるだろう。

2.4　第 2 章の小括

　第 2 章では、ワークショップ実践者の育成支援を考えていくためのアプローチを考えるため、ワークショップ実践者がワークショップ実践を行う上での専門性についてどのような認識を持っているかを明らかにするためのインタビュー調査および質問紙調査を行った。

　まず、インタビュー調査結果からは、ワークショップ実践者が専門性だと認識していることは、(1)デザイン(「参加者にあった内容にする」、「事前準備」など)、(2)当日の運営(「参加者の気持ちを尊重する」、「参加者に関わりすぎない」など)、(3)実践者としてのスタンス(「自分の感性に正直」、「参加者と対等に向き合う」など)、に大別することが可能である。また、実践歴の違いによって、(1)実践者本人が学んできた社会背景、環境が大きく異なる、(2)後進を育成することに対しての考え方および実際に行うアプローチが異なっている可能性がある、ことが示唆された。

　インタビュー調査結果を踏まえて項目作成して実施した質問紙調査からは、ワークショップ実践者の実践歴に着眼した検討が必要ではないかという仮説が立った。さらに、実践歴を 3 層に分けて検討することで、実践歴による差異があることがわかった。今後、実践者育成を考える上では、実践歴を経ていく中での変化に注目する必要がある。

　Schön(1987)は、様々な専門家の実践を分析し、専門家の行為と省察の関係を明らかにした。専門家は豊富な技術を適用する「技術的合理性」の下で実践するのではなく、状況に応じながら暗黙的に、何が問題なのか、という問題枠組みそのものを問い直しながら実践しているとし、「行為の中の省察は、厄介で多様な実践状況に対する実践者の技法の中心となるものである」

と述べ、これを専門家の知の特徴であるとした。さらに、実践状況や行為の中の省察自体を実践後に省察することの重要性も指摘している。

Schön は、省察的実践者として専門家を捉えることの重要性を主張し、(1)専門家の「技 (artistry)」の解明に関する研究、(2) 専門家の「行為の中の省察 (reflection in action)」を明らかにする研究、という2つのアプローチが専門家の育成に向けて必要であると述べる。なお、ここでの「行為の中の省察」(Schön 1987) とは、「行為について振り返る省察 (reflection on action)」とは異なり、行為をしている最中に状況をモニターし、行動を適切に調整することを指す。

そこで、第3章・第4章では、第2章での調査結果を踏まえ、ワークショップ実践者のデザインにおける熟達過程について、Schön の「省察的実践者」という枠組みを用いながら検討していくことにする。第3章では、ワークショップ実践者の「技 (artistry)」の解明という視点で実証研究を行う。

注

1　伊藤寿朗：1947 生、1991 没。

2　(1) ものづくり、(2) アート教育、(3) メディアと表現、(4) コミュニケーション、(5) 商品開発・サービス開発、(6) まちづくり・地域づくり、(7) 発想力支援・創発支援、(8) ビジネス研修・企業研修・教員研修、(9) 人権教育・国際理解、(10) 演劇教育・ドラマ教育、(11) ダンス・身体表現、(12) 科学教育・理科教育、(13) 音楽教育・音楽づくり・オーケストラ関連、(14) 環境教育・自然体験・野外活動、の 14 領域である。質問紙では、これに、(15) その他、を加えた。

3　項目作成はインタビュー調査での結果に基づいている。なお、回答には正解があるわけではなく意識の在り方を調べるものであるため、反転項目は用意していない。

第3章 ワークショップデザインにおける思考過程

第3章の概要

Schön(1987)は、省察的実践者として専門家を捉えることの重要性を主張し、その育成に向けて、(1)専門家の「技(artistry)」の解明に関する研究、(2)専門家の「行為の中の省察(reflection in action)」を明らかにする研究、という2つのアプローチが必要だと述べる。

この指摘に基づき、第3章・第4章では、ワークショップ実践者のデザインにおける熟達化研究を上記2つのアプローチで行う。

第3章では、専門家の「技(artistry)」の解明に関する研究という視点で研究を行う。具体的には、ワークショップのデザイン過程におけるベテラン実践者の特徴的思考を明らかにすることを目指し、ベテラン実践者とその集団に属する初心者2組に思考発話法を用いた実験を行う。デザイン過程における発話内容を分析し、ベテランに共通する特徴を検討する。この研究は森(2008)を元に一部改稿を加えたものである。

3.1　ワークショップデザイン研究における課題

ワークショップデザイン研究には、(1)実践を通じワークショップのデザインに必要な要素を検討していく研究、(2)過去に行われた実践の類型化や類似の活動において主張されている理論の援用によってワークショップのデザインに対する原則を導出する研究、という2つの傾向があることについては第1章で概観した(1.2.1)。ワークショップのデザインがどうあるべきか

に関しては、様々な検討がなされてきたと言える。

しかしながら、第1章でも指摘したように、ワークショップのデザインを行う実践者に焦点を当て、その固有のふるまいや考え方に関し実証的に捉えた研究は存在しない。デザイナーとしての実践者を育成する方法を検討していくためには、実践者がどのようにデザインを行っているか、そのデザイン過程を詳細かつ実証的に解明する必要がある。

第1章でも指摘したとおり、ワークショップは様々な領域で行われている手法であるが、何らかの「気づき」を誘発するものとしてデザインされている。この「気づき」を学習として捉えるならば、ワークショップはその本質において、「学習を目的」としているものだと捉えることが可能であろう。

そこで本研究では、ワークショップ実践者におけるデザイナーとしての側面を考える際、「学習を目的」としている授業デザインを取り巻く研究枠組みを援用する。

3.2　ワークショップデザインの近接領域での知見

3.2.1　授業研究とその手法

日本における授業研究の歴史は深い(稲垣 1995)。勿論、その研究目的は多様であり、全てが教師の質向上へ還元されることを目的として行われたものではなかった(吉崎 1991)。しかしながら、近年、教師の授業力量形成を目的とした授業研究に対して、注目が高まりつつある。

その中でも、井上・藤岡(1995)は、授業研究と教師研究を連結することが必要だと主張している。また、稲垣・佐藤(1996)は、教師を専門的職業として捉え、授業実践研究がプロフェッショナル・ディベロップメントを目的とするものとして位置づけられる必要があるという主張を行っている。これらの議論を踏まえ、木原(2004)は、佐藤学の主張した「教師の専門性」という考え方に基づき、現在の授業を検討・改善するにとどまらない教師の育成を行う必要があるとして、初任、中堅、ベテランそれぞれの力量に対する実証研究を行っている。

　教師研究には、教師の力量を実証的に明らかにする方法として、初心者とベテランを比較する研究が多く存在する(e.g.佐藤ら 1990；浅田 1998)。ワークショップ実践者の育成方法を考える上でも、教師研究同様、初心者とベテランの力量を明らかにし、その差異からベテランの特徴を明らかにするアプローチが考えられる。

3.2.2　熟達化研究

　波多野・稲垣(1983)は、熟達者には適応的熟達者と手際の良い熟達者があると述べる。大浦(2000)の分類基準に従うならば、ワークショップ実践者におけるワークショップのデザインは「創造的技能領域」に該当するだろう。ワークショップのデザインに関する熟達化を考える際に必要な視点は、(1)創造性の次元(課題表象の形成とデザインの指針の策定)、(2)技能性の次元(策定した指針にそったデザイン行為の遂行)、だと考えられる。そこで本研究では、(1)(2)を合わせたものが「ワークショップデザイン」であると仮定する。

　第 1 章でも言及したように、ワークショップ実践者に焦点を当てた知見は乏しく、ワークショップデザインに関する熟達に特化した研究はない。また、ワークショップ実践者になるためにどのくらい年月が必要かといった数値を示した研究は存在しない。実践者の伝記的な記録も入手が困難であること、一年に携わる経験に個人間で差があることなどから、熟達に必要な経験時間や年数を見積もるのは困難である。故に、今後研究を行っていくにあたり、他の創造的領域での知見を意識していくことは、有効だと考えられる。

　また、構造化された宣言的知識と自動化された手続き的知識の他に熟考性、協調性といったメタ認知が必要だという視座は、ワークショップデザインの熟達化に関して考える際、非常に興味深い。また、実践者としての成長においても、経験を積むことに対する動機づけや、知識の構造化や理論生成のための自己説明活動が鍵となっているのではないか、と考えられる。

　ワークショップデザインは、多くの場合、一人ではなくチームで行われることが多い。また、実施段階においても複数のスタッフが動くことが基本で

ある。協働による創造的領域の研究は、メンバー間で役割の分担が行われて
いて、かつ、メンバー間のインタラクションもあるという状態であれば、必
ずしも一人の熟達化した個人が全て行わなくても創造を行うことは可能だと
いうことを示唆している。このことから、ワークショップデザインに関し
て、個人が一人で全てをこなすことができる力量を持つ必要はないのではな
いかという意見もあるだろう。しかしながら、実際のミーティングや実施の
場において、的確な役割の分担と適当なインタラクションを行うためには、
先に創造的熟達者の条件として述べた、メタ認知能力が必要になってくると
考えられる。このことからワークショップ実践者として成長していくために
は、個人レベルでの熟達化が必要であると言えるだろう。

3.2.3　第3章における研究課題
　第3章では、ベテランワークショップ実践者のデザイン過程を実証的に検
証することを目的とする。ベテラン実践者がどのようにワークショップをデ
ザインしているのか、その思考過程の特徴を明らかにすることで今後実践者
を育成するにあたって有用な知見を提出したい。

3.3　方法

3.3.1　研究のアプローチ
　ワークショップのデザインは複数で行われる場合もあるが、初期原案に関
しては1人でデザインする場合もある。ワークショップのデザイン過程に関
する知見はないため、本研究ではデザインを行う最少構成数だと考えられる
1人のデザイン過程に関し検証することとした。
　具体的な方法に関しては、浅田(1998)を参考に、初心者とし、比較の中
でベテランの特徴を明らかにすることとした。また、本研究では研究目的を
考慮し、デザイン時の認知過程に直接アクセスしうる、思考発話法(think
aloud method)を用いた実験法を選択した。この方法は、ワーキングメモリ
にある内容をそのままとり出すことになるため、バイアスによる内容の歪み

が少ないと言われている(Ericsson & Simon 1993)。そこで本研究では、発話により生じる影響の可能性を自覚しつつ、それでも他の方法では得られない有用な知見があると考えこの手法を選択した。

3.3.2　実施概要

実験は、練習課題(2 問、20 分程度)と、本課題(1 問、80 分)で構成した。練習課題は、思考発話を促すためのものであり、ワークショップのデザインとは無関係の内容であった。

本課題はワークショップデザインに対する架空の依頼に応えてもらうという課題であった。実験者は課題文(依頼内容の書かれた手紙)を被験者に裏面のまま渡し、実験室を退出した。被験者には実験者退出後、課題文を表面にしてから文面を全て音読した後、課題遂行するよう、予め教示した。

なお、本実験終了後、不明瞭な点に関しては補足的に確認をとった。

本課題における課題文の内容

本課題において被験者は、依頼内容に沿って時間内にワークショップをデザインし、「タイムスケジュール」と「活動案およびコンセプト案」を作成することが求められていた。ここで、コンセプトとは、デザイン研究における定義を参考にし、「これから行うワークショップ実践に対し、そのデザインのあり方、方向性を表現したもの」と定義することとする。

課題文の内容はワークショップデザインに関する研究(e.g. Harris 1984；Sork 1997)、授業研究におけるデザインのための構成要素に関する研究(e.g. Kerr 1981；水越 1982；Peterson et al. 1978；坂元 1980；Sherman 1980；吉崎 1983a；1983b)を参考に、9 項目(1) 依頼背景、(2) 依頼者側のコンセプト、(3) 参加者の属性、(4) 参加者の人数、(5) 実施時間、(6) 実施場所、(7) スタッフの人数、(8) スタッフの育成、(9) 最終的なタスク、を含めたものとした。

具体的には上述の 9 項目に対応させ、以下のような条件を課題文に記述した。(1) 依頼背景：市立の情報メディアセンターで開催される「学びとおも

ちゃ」に関する展覧会に付随するワークショップ、(2)依頼者側のコンセプト：「おもちゃ」をテーマにしたメディア表現ワークショップ、(3)参加者の属性：高校生、(4)参加者の人数：20名程度、(5)実施時間：10時から16時、(6)実施場所：館内の会議室、(7)スタッフの人数、(8)スタッフの育成：館で継続的に同様のワークショップ実践を開催したいのでスタッフの人材育成も兼ねている、(9)最終的なタスク：80分後に依頼者に対してタイムスケジュールと活動およびコンセプト案を提出する。

　なお、形式は実際にワークショップが依頼される際のメール文面などを参考にした。これらを通じ、現場で実際に行われる依頼により近いものとなるよう心がけた。

被験者の選定

　ワークショップ実践者の成長に関する研究は存在しない。そこで本研究では、教師研究や創造的領域における熟達化研究の知見(e.g. Hayes 1989；吉崎 1998)を考慮し、ワークショップのデザインにおけるベテランと初心者を選定した。被験者としたのは、学習を目的としたワークショップのデザイナーとして広く知られる実践者2名(X、Y)と、そのベテランを中心としてワークショップを行う集団に属する初心者各1名(計2名)であった。

　本実験において、その性質上、被験者のレベルを完全に統一することは困難であったが、実践経験の回数や年数を揃えるように配慮した。また、初心者選定においては、全くの初心者を選定した場合ワークショップ実践以外での経験がデザインに大きく反映される可能性がある。そこで、教師研究におけるBerliner(1988)の「進んだ初心者(Advanced Novice)」の指摘を参考とし、経験を積んで多少実践について理解が進んだ段階にある者を対象として選定した。

　ベテランXは、アメリカでセサミストリートの制作現場を見たことに刺激を受け、帰国後20年以上の間学習環境デザインとメディア教育に関する実験的なワークショップを実践している。また、ワークショップ実践専用のスペースの設計も行っている。

　初心者 A はベテラン X の実践集団に参画して 3 年目の学生で、学内・学外で多くの実践においてファシリテーションの経験を積んでいるが，初期原案作成を単独で行った経験はない。

　ベテラン Y は、10 年に渡りワークショップを実践している。大学にて授業を担当する際、教材づくりを学生とすることで授業自体の質が変化したという経験が起点となり、人と物とのインタラクションを重視した新しい創造的な学びの場「Playshop」を学内・学外にて多数実践している。

　初心者 B はベテラン Y の実践集団に参加し、学内・学外において数々のワークショップ実践に関与して 3 年目になるが、初期原案作成を単独で行った経験はない。

実験における配置

　実験における機材などの配置に関するイメージ図が図 3.1 である。1 室に被験者、別室に実験者がいる。被験者の様子はビデオカメラで撮影した。また、不明瞭な点に関して実験直後に確認を行う為、撮影用ビデオカメラを別室の実験者のコンピュータに映るよう、ケーブルでつなぎ、モニター可能にした。また、予備的な記録装置として、室内を俯瞰できる位置にビデオカメラを設置した。実験中の発話プロトコルの収集には IC レコーダーとマイクを用いた。

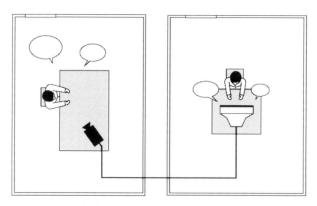

図 3.1　実験の配置に関するイメージ図 (森 2008)

3.4　結果

3.4.1　デザインの結果

　4 人の被験者は、全員、実験時間内に「コンセプト」と「活動案およびタイムスケジュール」の作成を行うことができた。4 人のデザインしたコンセプトおよび活動案は全て異なっていた。

　4 人の被験者は、全員、実験時間内に「コンセプト」と「活動案およびタイムスケジュール」の作成を行うことができた。本節では、実験の結果として、4 人の被験者の成果物[1] を示す。

ベテラン X のデザインの結果

　ベテラン X がデザインしたワークショップのタイトルは、「making toys workshop　創造性とメディア表現」であった。ベテラン X のコンセプト、活動案およびタイムスケジュールは次のようなものであった。

コンセプト

参加者のおもちゃ観をゆさぶり、シチュエーションを考え、実際におもちゃをつくり、そして作法（おもちゃをどうつかうか）もデザインする。さらに、こんな活動が可能になるワークショップスタイルについても学べる。

活動の流れ
● アンティパスト

　10:00〜10:30　おもちゃカフェ　PCによるおもちゃ観のゆさぶり
　　　　　　　　今回の趣旨をみんなに説明をする、スタッフ紹介、ドキュメンテーションをする、
　　　　　　　　ヴィデオをとること写真を撮ることの許可の意味を説明しておく
　　　　　　　　グルーピング　5名×4
　　　　　　　　ファシリテーター　ギャラリースタッフ　各1名グループに入る

● プリモ　10:30〜13:30 ランチも含む

　10:30〜12:30　プリモ1
　　　　　　　　オモチャづくり、場をつくって、芝居をつくる
　　　　　　　　（おもちゃ展を見る）

　12:30〜13:00　プリモ2
　　　　　　　　リハーサル、立ち稽古、（僕のコメントも含む）

　13:00〜13:30　カフェ

● セコンド　（プレゼンテーション）

　　　　　　13:30　5分プレゼン（2分の交代時間）

● ドルチェ　（オーディエンスからのコメント）＋ディスカッション＋ベストトイを選ぶ
　14:00〜14:30　コメント＋ディスカッション
　14:30〜15:00　パブリッシング
　　　　　　　　（ポラロイド写真から3枚を選んで経験のフライヤーをつくる。友達への報告）

● エスプレッソ
　15:00〜15:30　リフレクションムービー　＋　僕のコメント
　　　　　　　　（今回の仕掛けについて、ワークショップについて）

● 当日までの準備
　スタッフミーティング（おもちゃ展の企画者と僕のコンセプトのすりあわせ）
　スタッフのファシリテーションの方法、スタッフでワークショップをやる
　素材をどうするか（素材バーをつくる）展覧会からヒントを得る。
　ドキュメンテーションスタッフ　学生3名

　ポラロイドのフィルム、素材、予算化

　空間づくり（おもちゃアトリエ）

　なお、ベテランＸは、予定時間前に本人がデザインの終了を申告し作業を中止したため、66分で実験を終了した。

初心者Ａのデザインの結果

　初心者Ａのコンセプト、タイムスケジュールと活動案は以下のようなものであった。

コンセプト

ワークショップでは、「おもちゃ」を遊び手が「遊びの場」をつくる機会と考えて、つまり、「おもちゃ」を学びや遊びを活発にし、空間全体を楽しくするような「きっかけ」や「道具」と考えます。
ワークショップの中では、おもちゃをつくり、実際に遊ぶという活動を行います。自分自身でつくったおもちゃの、その遊び方まで考えることで、ものづくりではなく、そのものでいかに遊び、学ぶことができるかということまで考えて

タイムスケジュールと活動案

10:00	スタート	あいさつ、自己紹介
		グループ分け（5人×4グループ）
		今日の説明「おもちゃのじかん」ワークショップ
10:15		クリケットの説明をする（15分）
		練習問題をする
10:30		作品づくり（1人1つ）
		どんな風に遊ぶか
		どんなところで（状況）
12:30		ランチタイム：planning
		お互いの作品を見たり
13:30		またつくる
		ワークシート
15:00		発表（2つに分かれて）
15:40		みるじかん（ポストイット）
		つくったもので遊ぶ、楽しむ
15:55		ムービー（5分）
16:00	終了	あいさつ

ベテラン Y のデザインの結果

　ベテラン Y のワークショップには、特にタイトルはつけられていない。コンセプト、タイムスケジュールおよび活動案は、下記のように記述されていた。

コンセプト

　日常的な素材を、五感のレベルで感じ直す
　可能性を感じる、組み合わせる
　遊びとして組み立てる
　遊びの意味を考え直す

タイムスケジュールと活動案

　　　9:00 〜 9:30　スタッフミーティング、役割

　　9:30 〜 10:00　会場設営 (素材を並べる) 撮影準備

　　　　　　10:00　あいさつ、趣旨説明

　　　　　　10:10　似顔絵　名札

　　　　　　10:30　遊びビンゴ

　　　　　　　　　　(昔夢中になって遊んだ遊びを思い出し、お互いに紹介して、
　　　　　　　　　　同じ遊びがあれば記入していくようなビンゴゲーム)
　　　　　　　　　　グルーピング

　　　　　　11:00　五感ビンゴ

　　　　　　　　　　(素材を五感で探検して、発見したことをビンゴシートに記入、グループで)

　　　　　　12:00　昼食 (味覚探検をする)

　　　　　　12:50　発表 (素材について発見したことを発表)

　　　　　　13:15　遊びの素材選ぶ　遊んでみる

　　　　　　　　　　(素材の可能性を感じて、試行錯誤、実験)

　　　　　　14:00　中間発表

　　　　　　14:20　遊びのデザイン

　　　　　　15:20　発表会

　　　　　　15:30　リフレクション

初心者 B のデザインの結果

　初心者 B は「おもちゃワークショップ」という仮タイトルをつけていた。初心者 B のコンセプトは、「目的」として記述されていた。目的、タイムスケジュール・活動案は以下のように示されていた。

目的

　おもちゃであまり遊ばなくなった年代が過去に遊んだおもちゃを振り返ってもらって、その時に学んだことを自分が創り上げるおもちゃに生かされないだろうか考える。
　これからの子供達に、自由な空間を与えながら学習をさせていく要素を含んだおもちゃの可能性を探る。

タイムスケジュール

　9:00　　開館　ＷＳ準備
　10:00　ＷＳ開館　午前の部
　　　　　・チーム決め
　　　　　・参加者の過去をふり返る
　　　　　・話し合い
　　　　　　→おもちゃを使って何を学ぶ（学ばせたい）のか。
　11:00　　　　→学ぶ（学ばせたい）ためには、どのようなエッセンスを
　　　　　　　　含めたおもちゃが良いのか。
　　　　　　　→自由な空間（遊びのための）を作るにはどのような
　　　　　　　　おもちゃにしたら良いのか。
　12:00　　　　昼食（チームで一緒に）
　13:00　　　　午後の部
　　　　　・午前で話し合ったことを参考に、チームでおもちゃ制作
　14:00　　　（2時間）

　15:00　　　・チームで制作したおもちゃを発表。
　　　　　・実際に遊んでみる。

　16:00　ＷＳ終了　後片付け
　17:00

活動案

午前
　チーム作り。
　5人×4チームを作る。これは午後におもちゃ制作をする時のチームになる。
　ＷＳの始めに、同じおもちゃ5つが4組あり、同じおもちゃを取った人がチームの相手となる。
　まずは自分が昔にどのようなおもちゃを使って遊んでいたのかを振り返ってもらう。
　そこで、考えをおもちゃいっぱいにしてもらう。
　→自由な遊びの場、学びのエッセンスを含めたおもちゃを創造してもらう。
　（主にどのように遊ぶとか、どんな事を学んでほしいとか）
午後
　午前に話し合ったことを参考におもちゃ制作。
　材料は木材・紙・ねんど・ペン・ダンボール等
　制作したおもちゃを使って遊んでみる。

3.4.2　発話の流れにおけるベテランと初心者の比較分析
発話の流れに対する分析方法

　ベテランと初心者におけるデザイン過程を比較するため、まずどのような発話の流れがあったのか検討した。

　具体的には、「まあ、では、タイムスケジュールをまず決めちゃいましょう」というように、ある活動を行うことへの宣言にあたる発話や、「流れはきれいになったかな。だいたい僕の中ではイメージが固まったので」のように活動の完了を示す発話に注目し、データを分割した。また、ある活動の開始宣言から活動の終了宣言までの発話のまとまりを「ユニット」と呼ぶこととした。なお、ユニット内では実践者が一定の活動を行っていることを確認した。

　その上で、同一集団に属するベテランと初心者を対にして比較を行い、発話の流れにおける差異を分析した。被験者 4 人の発話の流れを図示したものが図 3.2 である。

　さらに、(ベテラン X、初心者 A)と(ベテラン Y、初心者 B)という 2 組の差異における共通点を考えることにより、発話の流れにおけるベテランの特徴を導き出した。

ベテラン X における発話の流れ

　ベテラン X の発話は、4 ユニットから構成されていた。

　ユニット 1 において、ベテラン X は課題文音読終了後、まずワークショップをデザインする際に必要な事項を課題文中から抽出、列挙した。その後、課題文に対する解釈を適宜交えつつワークショップの大まかなコンセプトの決定を行った。

　ユニット 2 では、その後、どのようにワークショップをデザインするかという方針として、「イタリアンミールモデル」というデザインモデルを想起した。なお、デザインモデルとは、実践者がワークショップをデザインする際に使用している仮枠のことを指す(3.4.3 にて詳述)。ベテラン X のデザインモデルは時間の流れと活動の内容の規範を示していた。ベテラン X はこ

104

のモデルに従い、大まかな活動の流れを構成した。この時点で決定できない
ものに対しては、暫定的な決定や保留が行われた。

図 3.2　被験者 4 人における発話の流れ

　ユニット 3 では、タイムスケジュールのデザインが行われた。ここでもユ
ニット 2 同様、暫定的な決定や保留が行われた。

　ユニット 4 では、これまでデザインしてきたものに対して俯瞰し、流れに
不整合がないかどうかの確認が行われた。また、それまで暫定的な決定をし
ていたり決定を保留にしていたりするものに対し、全体のバランスをみなが
ら調整するという「細部のデザイン」が行われた。

初心者 A における発話の流れ

　ベテラン X とは異なり、初心者 A は、音読終了後、課題文に対する確認や解釈はほとんど行わず、デザイン立案の中断および再立案を繰り返した。そのため、初心者 A の発話の流れは図 3.2 に示したように、活動案ごと 1 ユニット、すなわち全体では 3 ユニット構成と判断した。

　初心者 A は活動案 1 および活動案 2 に対し、時間軸に沿って、初めから詳細なデザインを行った。しかしながら、その活動案を完成することはできず途中で断念した。本分析では、活動案 1 遂行時をユニット 1、活動案 2 遂行時をユニット 2 とした。

比較 1：ベテラン X と初心者 A の比較

　初心者 A が課題文音読後すぐにデザインを開始していたのに対し、ベテラン X は依頼内容の確認・解釈を最初に行っていた。また、ベテラン X は初心者 A とは異なり、コンセプトの立案を行ってから具体的なデザインに移行していた。さらに、ベテラン X はデザインを行う際、デザインモデルを意識的に使用し、活動全体の構造決定から細部へと段階的にデザインを行っていたが、初心者 A はデザインモデルを用いておらず、時間軸に沿って細部までを、一度に決定しようと数案を試行錯誤していた。

ベテラン Y による発話の流れ

　ベテラン Y の発話は、4 ユニットから構成されていた。ユニット 1 において、ベテラン Y は、課題文の音読をする際、しばしば音読の中断を行い、内容の確認と解釈を行い、その後、コンセプトの決定を行っていた。

　ユニット 2 では、ユニット 1 において決定された方向性に対して、ベテラン Y は、「マトリックス」という名のデザインモデルの使用の宣言を行った。そして、このデザインモデルに従い、活動の流れがデザインされた。

　ユニット 3 では、具体的な部分のデザインを開始する発話があった。ここでは、細部のデザインが行われた。その後、タイムスケジュールのデザインに移行することに対する宣言を行った。

ユニット4では、タイムスケジュールをデザインしながらデザインの筋を確認し、足りない部分を補足するなど、細部の調整が行われていた。

初心者Bによる発話の流れ

初心者Bの発話の流れは図3.2に示すように3ユニットから構成されていた。

初心者Bは課題文の音読終了後、課題文の確認と解釈を行った。だが、この時点では、コンセプトの考案および決定は行われなかった。この課題文の確認と解釈の終了までをユニット1とした。

ユニット2では、活動案のデザインが行われた。活動案のデザインは時間軸に沿って初めから詳細なデザインを行った。

ユニット3では、目的とコンセプトの決定が行われた。

比較2：ベテランYと初心者Bの比較

ベテランY、初心者Bともに依頼内容の確認・解釈から開始した。しかしながら、ベテランYは初心者Bと異なり、依頼内容に沿ったコンセプトの立案を行ってから具体的なデザインに移行していた。さらに、ベテランYはデザインを行う際、デザインモデルを意識的に使用し、活動全体の構造決定から細部へと段階的にデザインを行っていたが、初心者Bはデザインモデルを用いていなかった。初心者Bは、時間軸に沿って細部までを一度に決定し、最後に活動のコンセプトを考えようとしていた。

発話の流れにおけるベテランの特徴

分析の結果、ベテラン2人は共通のデザインプロセスがあることが明らかになった。その特徴は以下の点である。

(1)ベテランは、まず課題文を十分読み込み、必要事項の確認と解釈を行っていた。

(2)ベテランは、コンセプトの決定を行い、その後、具体的なデザインに移行していた。

(3)ベテランは具体的なデザインに移行する際、時間の流れと活動の内容を規定するデザインモデルを持っており、それを意識的に使用していた．

(4)ベテランは、活動全体の構造決定から細部のデザインへと、段階的にデザインを行っていた。

　一方、初心者 2 人のデザイン過程には共通点が確認できなかった。しかしながら、初心者 A、B それぞれのプロセスは、ベテランとは異なっていることがわかった。初心者に見られた共通の特徴としては、(1)コンセプトの決定が後回しにされていたこと、(2)時間軸に沿って初めから詳細にデザインが進められていたこと、があった。

3.4.3　デザインにおけるベテランの特徴

(1)幅広い確認

　ベテランは課題文の中のどのような要素に留意してデザインを開始しているのだろうか。ワークショップデザインに必要な要素に関して指摘をした先行研究はあるが(Harris 1984；木村ほか 2000；Sork 1984)、その要素が実際のデザイン過程においてどのように意識されるべきものなのかについての言及はない。そこで、実験中の発話プロトコルを用いて、「課題文の読み込み」時に確認した事項に対し、カテゴリ分析を行った。なお、カテゴリとしては、依頼文の内容に含めた 9 項目を使用した。

　カテゴリ分析の結果は表 3.1 の通りであった。このことから、以下のことが明らかとなった。

　ベテランは初心者に比べ、多くの条件に対し、デザインする上での必須要素として考慮していた。ベテラン 2 人に共通していた確認事項は、(1)依頼背景、(2)依頼者のコンセプト、(3)参加者の属性、(4)参加者の人数、(5)実施時間、(8)スタッフの育成、(9)最終的に課されたタスク、であった。

表3.1　カテゴリ分析の結果

確認した事項のカテゴリ	ベテラン		初心者	
	X	Y	A	B
(1) 依頼背景	○	○	○	○
(2) 依頼者のコンセプト	○	○	○	○
(3) 参加者の属性	○	○	○	○
(4) 参加者の人数	○	○	×	○
(5) 実施時間	○	○	○	○
(6) 実施場所	×	○	×	×
(7) スタッフの人数	○	×	○	×
(8) スタッフの育成	○	○	×	×
(9) 最終的に課されたタスク	○	○	×	○

(2) デザインモデル

　ベテランはワークショップのデザインにおいて、コンセプトを決定した後になんらかの枠組みを利用してデザインを行っていることが、実験中の発話からわかった。本研究ではこれをワークショップのデザインモデルと呼ぶこととする。デザインモデルの内容は実践者個々によって異なるが、活動の流れを規定する役割を果たしていた。一方、初心者はデザインモデルを実験時のデザイン過程において使用していなかった。

　ベテランXはデザインモデルの使用に関し、以下のような発話をしている。

> 今回、あれでいくといいかもわかんないね、なんかあのー、僕いつもね、ワークショップ考える時になんか小道具を考えていて、それで今回もイタリアンミールモデルでいけそうな気がするので

　この発話によって、ベテランXは以前から「イタリアンミールモデル」というデザインモデルを用いてワークショップをデザインしていることがわかった。

　この「イタリアンミールモデル」がどのようなものであるかについて、ベテランXは、実験時、以下のような発話を行っている。

> だからちょっと、えーっと、だいたい、大きく流れで、まあ、10 時が受け付けプラス、これは Antipasto（アンティパスト）、それから Primo（プリモ）が最初の活動で、Secondo（セコンド）がもう一つの活動で、それから Dolce（ドルチェ）がこれがリフレクションに使いたいし、Espresso（エスプレッソ）、と。

「アンティパスト」「プリモ」「セコンド」「ドルチェ」「エスプレッソ」という名称で呼ばれる活動パーツは、ワークショップを時間の流れの中で組み立てるためにその順番と意味付けを示していると考えられる。

　一方、ベテラン Y は、プランを作成するための仮枠として、「マトリックス」というデザインモデルを使用していた。このモデルについて、ベテラン Y は実験時、次のように述べている。

> 多分、全体の流れとしてはだから、まず、ちょっとマトリックスを描いてみますが、多分、身体的なもの、それから感情的なもの、それから知的なもの、全レベルね、それから、えーっと、そうそうそうそう、で、まず、見るとか知るとか、その素材をじっくり見たり知る、という段階があって、それからその可能性を実現してくっていう段階、ね。これは創造性の理論、に、を、すごい三段階に単純化して、で、えー、ただそれを、知的なレベルだけじゃなくて、その、感情的なものとか、身体的なもの、この中でやっていくわけで、必ずここ（引用者注：図 3.3 における「知」と「定理」の交点）まではいきたい、と。

　本実験では図 3.3 のようにマトリックス平面における「0 番／1 番／2 番／3 番／4 番」という順番で活動が構築されていた。

　以上より、ベテランはデザイン中においてもデザインモデルを普遍的定型と思ってはおらず、状況に応じた変形を行う姿勢を持つことが明らかになった。

　また、ベテランは実験時のデザイン過程において、随時デザインモデルを意識することで自身のデザインに対し確認を行っていた。デザインモデルを使って自身の活動案を推敲し、整合性を確認する発話として、ベテラン Y の以下のようなものがある。

110

> で、五感探検なんだけど、五感ビンゴか、五感ビンゴ。素材、これが1番（引用者注：図3.3マトリックスにおける「1番」）でしたね。ちょっと待ってくださいよ、なんか変だな、ちょっと混乱してますね。ここが・・・そっか、さっきのはなんか2番（引用者注：図3.3マトリックスにおける「2番」）がぬけてたな。これで成り立っている気がしてたんだけど。

このように、デザインモデルを用いることで自己説明（Chi et al. 1989；岡田 2005）が支援され、ワークショップのデザインにおいて途中段階でも見直し、推敲がしやすくなっているようである。

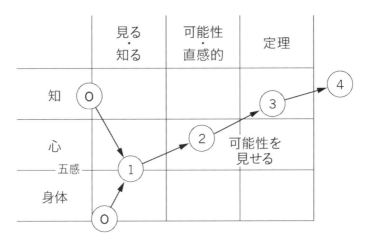

図3.3　ベテランYの「マトリックス」にもとづいた活動の流れ
（筆者がYの描いたものを整形）

(3) やわらかな決定

ワークショップでは、参加者について事前に知識を持つことは難しい。Harris（1984）は、予測しきれない状況に対しリスクを最小限にするためにデザインを柔軟に考える必要がある、と述べる。また、授業設計時における教師の思考過程研究においても、教師が授業設計段階で必ずしも完全な授業計画を立てているとは言えないことが示唆されている（Clark & Peterson 1986）。

　このような知見から、ワークショップデザインにおいて実践前に決定していることと実践状況の中で決定されることがあるのではないかと考えられる。そこで、デザイン過程において決定が保留されている箇所を抽出し、(1)決定が保留された事項、(2)保留の度合い、(3)決定の時期・決定への予測、の 3 点に関して整理を行った(表 3.2、表 3.3)。なお、表中の「保留時点」に関しては、3.4.2 にて決定したユニットをそれぞれ用いた。

　保留の度合いに関しては、(1)変更の余地(変更する可能性を示唆)、(2)オプション設定(状況次第で実行する可能性のある活動を基本の活動の他に用意)、(3)時間があれば(時間に余裕があった場合のみ実践する)、(4)選択肢の列挙(どのような可能性があるか選択肢を列挙)、(5)決定時期の保留、(6)保留、という 6 つに分類した。

　分析の結果、ベテランは、初心者よりも多くの保留を行っていた。その保留は、(1)実験におけるデザイン中に決定されたもの、(2)スタッフミーティングの際に決定する予定のもの、(3)当日の進行において決定する予定のもの、の 3 つに明確な区分がされていることが明らかになった。すなわち、ベテランには、どの時点でどのようなことが起きるか、もしくは起きうるかに関して事前の予測を立てていること、さらに、その予測に対して、しかるべきデザイン案を用意していることがわかった。このように段階を追って決定していくことを「やわらかな決定」と呼ぶことにする。このように形成的なデザインをすることにより、ワークショップ実施中も、状況に応じた対応をしやすくなっていると考えられる。

　ベテラン X は実験時、以下のような発話を行っている。

> とりあえず一回イタリアンミールモデルで入るかどうかやってみて、それで、入らなければ、それはちょっとまた変形していこうっていうことでいってみようか

　この発話は、ベテラン X が自身の開発したデザインモデルを絶対視せず、状況に応じてモデルを変形するという柔軟な姿勢を持っていることがうかがえる。

　実験後の補足確認により、ベテラン X、Y 共に、本実験においてだけでは

なく、通常のデザイン時においてもなんらかのデザインモデルを利用していることが明らかになった。八田（1989）は活動の流れを規定するために授業設計において自身の「仮枠」を持つことの利点を主張している。ワークショップのデザインにおいても、デザインモデルを持つことは、活動の流れを保ちつつ「やわらかな決定」を行っていく上で重要なのではないだろうか。

表3.2　ベテランXの保留のあり方

保留時点	決定が保留された事項	保留の度合い	決定の時期 決定への予測
ユニット2	モデルの使用	変更の余地	ユニット4で修正・調整
	空間のデザイン	決定時期の保留	スタッフミーティングで決定予定
ユニット3	セコンドの内容	オプション設定	当日（セコンド）進行中に決定予定
	ワークショップの名前	決定時期の保留	ユニット4で仮決定
	ファシリテーターの役割	決定時期の保留	スタッフミーティングで決定予定
	プリモ内の時間配分	決定時期の保留	ユニット4で仮決定
ユニット4	プリモの活動	時間があれば	当日プリモ進行中に決定予定
	購入物品	決定時期の保留	予算交渉後決定予定

表3.3　ベテランYの保留のあり方

保留時点	決定が保留された事項	保留の度合い	決定の時期 決定への予測
ユニット1	活動の内容	決定時期の保留	ユニット2で決定
ユニット2	0番の活動内容	選択肢の列挙	ユニット3で決定
ユニット4	0番の活動内訳	オプション設定	当日（0番）進行中に決定予定
	2番の活動内訳	オプション設定	当日（2番）進行中に決定予定
	アイスブレーキング内の時間配分	保留	当日（2番）進行中に決定予定
	1番の活動のグルーピング	保留	当日（0番）進行中に決定予定

(4)スタッフの育成への意識

　課題文確認の時点でベテランはスタッフの育成をデザインの必須要素として意識していることがわかった。また、ベテランはスタッフをどう育てるかに関する意見が似ており、デザインは共通していた。

　まず、ベテランは、スタッフの育成と参加者の学びに関するデザインは切り離せないものだ、という共通の意識を持っていた。

　次に、ベテランに共通していたデザインとして、(1)スタッフと事前打ち合わせを行うこと、(2)スタッフと協働し活動において使用する素材選定・吟味を行うこと、(3)スタッフにファシリテーションを担当してもらうこと、(4)ファシリテーションの方法に関しては事前ミーティングの中で決定することにして実験時間中には決定しないこと、が確認された。

(5)体験の想起／実践者の慣習／状況の想像

　発話データにおいて、デザイン上の何らかの決定がなされた部分を抽出し、その決定の根拠となっている発話に対し、カテゴリ分析を行った。

　具体的には、(1)体験の想起、(2)実践者の慣習、(3)状況の想像、の3つのカテゴリを設定した。なお、「実践者の慣習」とは、いつも作品を造る活動を入れている、などというような、ワークショップの実践者におけるデザインする上での慣習を指す。

　このカテゴリの策定に関しては授業デザイン研究や教師研究の知見を参考にした。(1)は回想的想起(浅田 1998；Neisser 1982=1989)、(2)は教師に関する知識研究(e.g. Shulman 1987；吉崎 1987)、(3)は展望的想起(浅田 1998；Neisser 1982=1989)を援用した。

　分析の結果、ベテランと初心者との間には差異が見られた。ベテランの場合、デザイン上の決定がなされる前後に、(1)体験の想起、(2)実践者の慣習、(3)状況の想像、に該当する発話が連鎖的に存在することが確認された。

　体験の想起に関しては、例を挙げると、以下のようなベテランXの発話がある。

> ちょっと抽象的なものを、あのー、かたちにするっていうのは、パイプクリーナー、わりとうまくいったケースがあるので。

　以上より、ベテランは過去の経験から構成されたデザインに関するエピソード知識を持っていること、さらにそのエピソード知識は構造化されており、ベテランはそれを必要に応じて随時デザインに利用していることが示唆された。

　一方、初心者はベテランと異なり、デザインにおける決定の前後には、(1)体験の想起、(2)実践者の慣習、に該当する発話はみられなかった。状況の想像のみを根拠にしてデザインを行っていることが明らかになった。また、初心者は共に、数度に渡り自分がその場の参加者だったらという仮定をすることによって状況の想像を行っていた。

　教師研究において、浅田(1998)は、ベテラン教師の授業のデザインには、エピソード的知識を直接適用することがたびたび行われていることを指摘している。ワークショップ実践者に関しても、ベテランには過去の経験がデザインに重要な意味を持つことが明らかになった。

3.5　考察・今後の課題

3.5.1　考察

　実験の発話データから、ベテランはデザインモデルだけではなく、ワークショップのデザインとその実施における過去の経験を通じ、ワークショップに対する見方や考え方を形成していることがわかった。

　梶田(梶田 1986；梶田・石田・宇田 1984)は、教師には指導に対する経験によって形成された固有のものの見方や考え方があるとし、これを「個人レベルの指導論(Personal Teaching Theory)」と定義している。さらに、各教師の授業デザインおよびその実施は、この個人レベルの指導論によって支えられていると主張している。

　ワークショップ実践者においてもこのような経験による固有のものの見方、考え方について検討する必要があるだろう。しかしながら、ワークショップは参加型の学習環境であり、「指導」が行われることはないため(美馬・山内 2005；中野 2001)、「指導論」という語を用いることは適切ではないだろう。

　そこで、本研究では便宜的に、「ワークショップ実践者における個人レベルのデザイン論」を「個人レベルの実践論」と呼ぶこととする。

　デザイン過程の発話の分析により導出されたベテランの特徴は、ベテラン

実践者に共通の「個人レベルの実践論」が存在する可能性を示唆している。ベテランと初心者では、個人レベルの実践論における質的な差異があると考えられる。この差異を捉えることで、実践者の成長に関し、有用な知見が得られるのではないだろうか。

3.5.2　今後の課題

本研究では、結果でも述べたとおり、ベテラン実践者のデザイン過程に関して多くの有用な知見が得られた。さらに本研究では下記のような示唆を得ることができた。これらは、今後実践者の育成支援を考える上で重要だと考えられるので、今後の研究課題としたい。

初心者の不安

本研究において、初心者のプロトコルにおける特徴として、デザイン遂行に対する「迷い」を表す発話があった。例えば初心者 A は以下のような発話を行っていた。

> おもちゃをつくることで……ああ、もう限界。自分自身でおもちゃをつくることで、おもちゃって、自分でつくることの意味とかって。ああ、もうなんかわかんなくなってきた。

このような迷いや不安を表す発話は、ベテランには全く見られなかった。

木原(2004)は、初任教師の成長プロセスと中堅・ベテラン教師における成長プロセスは異なっていると述べている。ワークショップ実践者の成長プロセスにおいても、初心者の抱える課題と中堅・ベテランの課題には質的な違いがあるのではないだろうか。

ワークショップ実践以外での経験の転移に関する可能性

実践者の成長過程の解明と育成課題の検討である。本研究においてはベテランと初心者に関し、ワークショップに対する経験差に着眼し被験者を選定した。しかしながら、ワークショップのデザインにおいては被験者のワーク

ショップ以外での経験が関係することが考えられる。今回被験者に選定した
ベテランX、Yは両名とも大学における教員経験および研究経験を持つ。こ
れらの教育経験および学習経験から獲得された専門性が、実践のデザインに
もつながっている可能性があり注意が必要だろう。このような視点に立ち、
さらなる検証が必要であろう。

他者との相互作用と熟達化

　教師の成長に関する先行研究に共通するのは、省察が他者との対話や協働
によって促され、活性化されるということへの理解であろう。Olson（1995）
は、自己の経験に耳を傾けるためには「他者の存在」が不可欠だと明言して
いる。他者への説明が自己の深い理解につながるということは、学習科学に
おいても実証されている（Miyake 1986）。

　木原（2004）は、多くの実践研究の結果から、授業力量形成の共同モデル
（図 3.4）を提案している。

図 3.4　授業力量形成の共同モデル（木原 2004）

　ワークショップ実践者の育成においても、他者との対話・協働の在り方は
重要な鍵となることが十分に考えられる。ワークショップ実践者集団におい
ては、正統的な周辺参加が起きていることがよく観察される。このことか
ら、この木原のモデル図における「重要な他者」は共同体の中心人物（ベテ
ラン実践者）であると考えられる。しかしながら、初心者A・Bは過去の体

験したワークショップでの強烈な「原風景」(呉 2000；呉・南 2002)を保持しつつ、その実践共同体に参入していったことが実験後行ったインタビューにおいて確認された。このことから、正統的周辺参加をしている初心者にとっては、しばしば、過去の学習経験における「カリスマ」(Calderhead & Shorrock 1997)と実践者としての成長を支援する「重要な他者」(木原 2004)の一致が起きていることが多いのではないか。このことが初心者の持つ「個人レベルの学習論」(梶田 1986；梶田・石田・宇田 1984)と「個人レベルの実践論」の混線を招き、「初心者の迷い」を生起させる要因となっているのではないか、と考えられる。実践初心者のデザインにおける熟達のためには、(1)過去の実践における自己の学習経験に対する実践者視点からの俯瞰と整理、(2)実践者集団における学習体験の語り直しと共有、(3)学習体験からの脱却とデザインに関する知識の獲得、が必要なのではないか。

　また、ワークショップは、授業とは異なり参加者が持ち込んだ固有の文脈を生かした学習環境をデザインするという特徴を持つ。そのため、中堅・ベテラン実践者においても、木原の示す教師のモデルとは全く同じにはならないだろう。ワークショップにおける中堅・ベテラン実践者の成長を考える場合、木原の図 3.4 における「支援的かかわり」、「相互作用的かかわり」といった部分に、「依頼者・依頼背景とのかかわり」や、「参加者・参加者の背景とのかかわり」を加えた形でモデル化する必要がある。

　こういった点を考慮した上で、木原(2004)の指摘にあるような同僚や他校の教師との関わりのモデルを拡張し、ワークショップを行う実践者集団同士のインタラクションをデザインすることができれば、ワークショップデザインの熟達支援ができるのではないだろうか。

ベテランの特徴に関する妥当性および一般性

　本研究結果として提示したベテランの特徴に対する、妥当性および一般性に対する検証である。本研究ではワークショップのデザインにおける原案作成段階のみを対象とした。しかしながら、実際の現場においては、実践者は先行事例を参照する、インターネットで情報を収集するなど様々な活動に従

事すると思われる。さらに、単独ではなく集団でのミーティングを通じて協調的デザインを行うことも多い。本研究における結果は、あくまでも実験環境で行われており、現実のデザイン時における思考過程とは異なる可能性がある。また、デザイン原案作成時のみを扱っているため、実際の実践時における意思決定に関しても検証することはできていない。向後(2005)は、「全体の予測と制御は不可能」であることがワークショップの特徴だとし、複数のファシリテーターによる実践時の連携に注目する必要性を示唆している。ベテラン実践者の持つ特徴に関し、さらなる一般性ある知見提出のためには、実践に至る過程と実践時に対する現場環境に即した実証研究が必要となるだろう。

本研究から導出された仮説の検証

　Sork(1997)はワークショップのデザインに、(1)技術的次元、(2)社会的一政治的次元、(3)倫理的次元、という3つの次元があると主張し三層モデルを提示している。しかしながら、ベテランのデザイン過程では、ワークショップ実践、デザインモデル、個人レベルの実践論という3つの要素が有機的な関連を持ってワークショップのデザインを規定していることが示唆された。ワークショップ実践者が反省的実践者(Schön 1983)であるためには、実践者個々人がその実践を俯瞰し理論化する必要があり、デザインモデルはその理論構築の支援をしているのではないだろうか。今後、この仮説に対しさらなる検証を行っていきたい。

3.6　第3章の小括

　第3章では、専門家の「技(artistry)」の解明に関する研究という視点で研究を行った。具体的には、ワークショップのデザイン過程におけるベテラン実践者の特徴的思考を明らかにすることを目指し、ベテラン実践者とその集団に属する初心者2組に思考発話法を用いた実験を行った。その結果をデザイン過程における発話内容を分析し、ベテランに共通する特徴を検討した。

　発話の流れを分析した結果、ベテランは依頼内容の確認と深い解釈を行った後、コンセプトを決定していた。また、具体的なデザインにおいては、デザインモデルを使用することでまず全体の構造を決定し、主たる活動のデザインから細部のデザインへと段階的にデザインを行っていた。ベテランのワークショップデザインに関して表したのが、図3.5　ベテランによるワークショップデザイン過程のモデルである。

　また、ベテランの特徴として以下の点が明らかになった。

(1)ベテラン実践者は、依頼内容に関して幅広く確認を行い、それらをデザインに反映させていた。

(2)ベテランはデザインの仮枠としてのデザインモデルを持っていた。

(3)ベテランは、スタッフの育成に対して、参加者の学びと切り離すことができないという意識を持っており、それをデザインに反映させていた。

(4)ベテランは、デザイン時に緻密なプランを決定することはせず、保留や選択の余地を残した「やわらかな決定」を行っていた。

(5)ベテランは、過去の実践体験の想起や経験から構築された慣習を用いてデザインを行っていた。

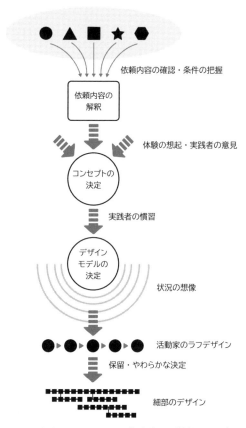

図3.5　ベテランによるワークショップデザイン過程のモデル

　第3章では、ベテランにはワークショップデザイン時に特徴的な思考があることが明らかになった。では、ベテランの特徴的な思考の背景にはどのような経験があるのだろうか。第4章では、ワークショップ実践者の長期的な学習に迫るべく、実証研究を行うことにする。

注
1　本書に記載した「成果物」は、被験者が手書きしたものを、筆者が清書を行ったものである。

第4章 ワークショップデザインにおける熟達の契機

第4章の概要

第3章では、専門家の「技（artistry）」の解明に関する研究という視点で研究を行った。具体的には、ワークショップのデザイン過程におけるベテランの特徴的思考を明らかにすることを目指し、ベテラン実践者とその集団に属する初心者2組に思考発話法を用いた実験を行った。その結果をデザイン過程における発話内容を分析し、ベテランに共通する特徴を検討した。

第4章の目的は、ワークショップ実践者のデザインの方法が変容した契機に着眼し、実践者がデザインにおいて熟達する過程を明らかにすることである。本研究では、経験年数5年以上のワークショップ実践者19名に対し、半構造化インタビューを行った。分析の結果、実践者におけるデザインの方法の変容の契機は、（1）対象者の違いに応じたデザインの必要への気づき、（2）自己の立場の変化に応じたデザインの必要への気づき、（3）他者との協働デザインの中での気づき、（4）継続の必要性、（5）実践の内省による気づき、の5つに類型化することができた。さらに、ワークショップ実践者がデザインにおいて熟達化する過程では、（1）実践者としての原点、（2）葛藤状況とブレイクスルー、（3）他者との関係構築への積極性、（4）個人レベルの実践論の構築、という4つの要素が関わり合っていることがわかった。

4.1 ワークショップ実践者育成における課題

4.1.1 ワークショップデザインの熟達に関する長期的視座

　ワークショップは、新しい学びの手法として注目されている（中野 2001）。その反面、人材の不足や力量・ノウハウの不足が指摘されている（新藤 2004）。

　新藤（2004）は、ワークショップの研究が進められてこなかった理由として、（1）これまでの社会教育で論じられてきた主体とは異なり、NPO や企業など、民間の集団によって行われることが多いこと、（2）現象が多様化しており、従来の教育・学習の枠組みで論じることが困難であること、を指摘している。

　第 3 章ではプログラムをデザインする部分に着目し、ベテランのデザイン過程における思考の特徴を初心者との比較によって明らかにしたが、実践者のデザインにおける熟達の過程の解明については行っていない。一方、ワークショップ実践者以外の専門職育成や企業人材育成の知見を見てみると、職業経験の中での学びを捉えた研究が多く存在することがわかる。

　例えば教師に関して、坂本（2007）は、「適応的熟達者」としての教師像を提示し、長期的な変容への視座を持つことが重要であるとの指摘を行っている。教師研究では、発達の 5 段階モデル（Berliner 1986；1988）、個別の事例研究（木原 2004；吉崎 1998）、ライフヒストリー研究（山住・氏原 1999）、専門性向上の転機となった経験の調査（岸野・無藤 2006）など、成長する教師を捉えた多くの知見がある。これらは育成や支援の方法を検討する上での重要な礎であろう。看護師や社会福祉専門職といった対人援助の専門職においても、育成方法が熟達化研究の知見に基づくことは多い（e. g. Benner 2001=2005；保正ら 2006）。

　一方、経営学では、McCall et al.（1988）が職場での経験学習に着眼し、個人がどのような仕事を経験し、そこからどのような教訓を得てキャリアを発達させていくかを調査している。金井（2002）は日本国内で調査を行い、キャリア発達の契機となった経験を「一皮むけた経験」と定義し、経験内容の類

型化を行っている。さらに、金井はキャリア発達の契機となる経験が豊富である職場とそうでない職場があること指摘し、こういった知見が職場での学びをより促進する企業の在り方を検討する基礎研究となると述べている。

4.1.2　第 4 章での研究命題

　ワークショップ実践者の育成を考える上でも、実践者の長期的な熟達過程を捉えることは重要な課題だと考えられる。そこで本研究では、ワークショップ実践者のデザインの方法が変容した契機に着眼し、実践者がデザインにおいて熟達する過程を明らかにすることを目的とする。これにより今後、実践者を育成するにあたって有用な知見の提出をしたい。

　そこで第 4 章では、ワークショップ実践者のデザインの方法が変容した契機に着眼し、実践者がデザインにおいて熟達する過程を明らかにすることである。

4.2　方法

4.2.1　調査概要

　学習を目的としたワークショップの実践者 19 名(実践歴 5 年目以上)に対し半構造化インタビューを行った。

　横地・岡田(2007)によれば、回顧的インタビュー法のデータの信頼性を疑問視する意見もある(e.g. Ericsson and Simon 1993)が、近年では「物語ること」のデータとしての有益性が検討されており、それらは認知・熟達過程の研究における有用なデータとの指摘がなされている(中島 2006;諏訪 2005)。10 年以上という長期間の熟達過程の観察には相応の時間が必要なことをふまえれば、創造的熟達過程をとらえるために回顧的インタビューは有効・実現可能な方法だといえよう(横地・岡田 2007)。よって本研究ではインタビュー法を用いた。

　調査時期は 2007 年 12 月〜 2008 年 2 月で、1 人あたりのインタビュー時間は 100 分程度であった。インタビュー実施場所は各調査協力者(以下、協

124

力者)との合意によって決定した。インタビュー過程は IC レコーダーに録音した。調査の実施にあたり、各協力者には研究の趣旨、インタビュー過程を録音すること、得られたデータは研究のためだけに使用し、個人が特定されないようにデータを加工することを説明し、了解を得た。協力者の実践歴の年数は、スタッフとして実践に関与した時点を起点として測った。なお、実践を数年に渡り休止していた場合は、その期間を除外して実践歴を考えることとした。

　新藤(2004)が指摘するように、ワークショップにはテーマや実践者の所属等が一様ではないという特徴がある。ワークショップ実践者育成を考えるためにはこの特徴を意識した調査が必要であろう。そこで、協力者の選定に関しては、実践歴、扱っているテーマ、所属等が偏らないよう配慮した。具体的には、協力者が扱っているテーマは、美術教育、造形教育、表現とコミュニケーション、まちづくり、商品企画のための発想力向上など、多岐に渡っている。また、現在の所属および職業も、NPO 代表、美術館学芸員、大学教員、アーティスト、企業経営者など、多様である。

4.2.2　インタビューの流れ
　まず、協力者に自身のワークショップ実践者としての実践歴をふりかえりながら年表を作成してもらった。年表作成時間は最大 20 分とした。年表を作成するという方法は、現代芸術家の熟達過程を扱った研究(横地・岡田 2007)での実施概要を参考に取り入れたものである。
　年表作成に関しては、本人が終了を宣言した場合、その時点を作業終了とみなした。年表作成後、記入事項に関し、説明を求めた。その際、研究実施者は協力者に実践歴の起点および初めてデザインを行った実践を確認し、その他、印象的な出来事等、適宜質問した。

図 4.1　年表作成時の様子(プレテストでの撮影)

　次に、60 〜 80 分で以下の 6 項目を質問した。

(1) デザインの方法が変容したと感じた時期

(2) (1) の具体的な変容の様子

(3) (1) の契機

(4) 実践に対する考え方が変容したと感じた時期

(5) (4) の具体的な変容の様子

(6) (4) の契機

　第 3 章では、ベテラン実践者のデザイン過程にはその背景に実践者オリジナルの考え方、価値観があることを確認している。そこで、第 4 章では、デザインの方法の変容と関係が深いと考えられる、実践に対する考え方の変容についての質問も併せて行うこととした。

4.3　結果

4.3.1　インタビューの実施結果

　調査対象とした 19 名のうち録音不許可等のデータ欠損のあった 2 名を除く 17 名を分析対象者とした(表 4.1)。

表 4.1　分析対象者一覧

協力者	性別	実践歴	協力者	性別	実践歴	協力者	性別	実践歴
協力者 1	男	5 年	協力者 7	男	7 年	協力者 13	男	15 年
協力者 2	男	6 年	協力者 8	女	9 年	協力者 14	女	22 年
協力者 3	女	6 年	協力者 9	女	10 年	協力者 15	男	25 年
協力者 4	女	6 年	協力者 10	男	10 年	協力者 16	男	25 年
協力者 5	男	6 年	協力者 11	女	11 年	協力者 17	女	28 年
協力者 6	女	7 年	協力者 12	男	13 年			

　分析対象者の発話データに関し、(1)デザインの方法の変容の契機に関する分析、(2)デザインの方法における熟達過程に関する分析、を行った。

4.3.2　分析 1：デザインの方法の変容の契機
分析方法
　ワークショップ実践者がデザインの方法の変容の契機として指摘した経験に関し、その内容を類型化した。

分析 1 の結果
　図 4.2 は、分析対象者の実践歴においてデザインの方法の変容があった時点を示したものである。

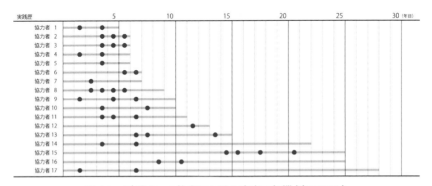

図 4.2　デザインの仕方における変容の契機 (森 2013b)

　図 4.2 は、分析対象者それぞれの実践歴である。さらに、その棒グラフを

分割する黒丸は、変容があった時期を示す。分析対象者から指摘された変容の時期は計 40 ケース（1 人平均 2.35 ケース）であった。変容の契機となった経験は以下の 5 つに類型化された（表 4.2）。

　なお表 4.2 には、分類した 5 つの契機のパタンに対し、それぞれの該当ケースの実践歴における出現時期を調べ、参考に算出した中央値も併記した。

表 4.2　デザインの仕方における変容の契機の類型

変容の契機	内容	該当ケース数	出現時期の中央値
対象者の違いに応じたデザインの必要への気づき	今まで対象としてこなかった人が参加者であったことが契機となった事例	10 ケース	4 年目
自己の立場の変化に応じたデザインの必要への気づき	今までと異なった組織の一員となるなど、実践を行う際の立場が変化したことが契機となった事例	6 ケース	5 年目
他者との協働デザインの中での気づき	文化的背景の異なる他者と協働でデザインしたことが契機となった事例	11 ケース	6 年目
継続志向の芽生え	継続的な実践を可能にするため、人材育成や場づくりを行うことを志向し始めたことが契機となった事例	8 ケース	6.5 年目
実践の内省	自身の実践を内省し、自身の理想とする実践のイメージに近づけようとしたことが契機となった事例	5 ケース	15 年目

（1）対象者の違いに応じたデザインの必要への気づき

　今まで対象としてこなかった人が参加者であったことが契機となった事例である。協力者 7 の 3 年目、協力者 11 の 4 年目など、40 ケース中 10 ケースが確認された。

事例 1-1

　協力者 7 は NPO のメンバーとして北海道の O 町に長期滞在し、演劇づくりに関するワークショップを行っていた。協力者 7 は初めの頃、NPO の先輩から教わった型のまま実施するのが精一杯だった。ところが 3 年目になると、O 町以外の周辺地域の社会教育施設などから、演劇づくりだけではなく、今まで経験したことのない様々な依頼が舞い込んでくるようになった。

> これまでの自分の演劇というものと、わりとかけ離れた、福祉、子育て支援、であったり、高齢者の生き甲斐をどういう風に生み出していくかっていう、全く考えたこともない、対象、演劇をやるための、演劇を楽しむためのワークショップじゃありませんから、そういう人の生き方に触れるというワークショップ、いわゆる表現教育や、応用した子育て支援、高齢者、生き甲斐支援、といったワークショップにも。まあ、視野が広がっていく。まあ、勉強もしましたし、教えてもらいましたし、失敗もしましたが、それもやっていくようになりました。（協力者 7）

　これに対し、今までと同じ型で実践することはできないと考えた協力者 7 は、参加する人はどのような人たちで、どのような気持ちで参加しているのかを想像し、プログラムを考えるという方法をとった。

> 母親、若い母親とかも、一体全体、何を求めてこの講座に来ているんだろう。子供がまだ小さいけれども、私も母親としてリフレッシュ、女として、自分としてリフレッシュしたいだとか、子育ての悩みを共有できる仲間が欲しいだとか、そういう、ワークショップの周りにある背景を、こう、わかった、というか、気づいたというか、だからそれに従って中身も変わっていきますし、語りかけ方も、90 分なり 120 分の最後の着地点っていうのも変わってきた。（協力者 7）

　さらに、協力者 7 は、様々な参加者の持つ背景について理解するよう努めた。その方法は、以前と同様、自身の師匠や上司といった同一の実践者集団内での相談にとどまらない。本を読む、保育や教育の専門家に話を聞くなどの自発的な知識獲得を行いつつ、それをデザインの仕方に反映させていったのである。

> アメリカ、イギリス、まあ、アメリカとイギリスが演劇教育、ドラマ教育が深いので、高齢者のためのクリエイティブドラマって本だったり、乳児と母親、まあ乳幼児に関するようなことの部分では、その、いわゆる児童心理学じゃないけど、発達、乳幼児赤ちゃんからこう、子供になっていくって文献も読みましたし。外堀を固めていったというか。（協力者 7）

> 師匠や、上司に、とにかく教えてもらったり。あと、その仕事の関係者で教育の専門家、保育の専門家・先生に。（自分は）演劇と表現教育をプロでやっているけど、子供のこと、乳児のこと、発達のことについてはそっちの方の方が専門だったりとかするから、いろいろ話を聞かせてもらって、その一致点を自分の中に探して行くっていう、そういうことが多かったですね。（協力者 7）

事例 1-2

　協力者 11 はワークショップを行う場を自身で立ち上げ、長期間実践していた。その活動を続ける中で、実践歴 4 年目の折、私立の小学校から実践の依頼が来た。3 回連続の講座の第 2 回目を担当するということだったので、別の講師が行う第 1 回目を見学に行ったところ、そこでの参加者の様子が、いつも実践を行っている対象とは異なっていることに気がついた。そして、どこが自分の慣れている実践と異なるのか、観察記録をもとに分析し、それに対応したデザインをしたという。

> 最初の回の時に参加者を観察して、どんな人達なのかなあ、と思って、少し違和感を感じて。自分の今までの経験と違うような、この違和感は何だろうと思って。このままだとちゃんとできないなあ、と思って。で、考えていろいろ、まあ、単純だけど、分析してみたところ、ああ、この人たちは、自分が参加したくているわけではない、っていうのと、あと、学校っていう、自分の環境にいるっていうことが見えてきて。その時、自分の環境じゃないところに来る、美術館とか人の教室とか、という子どもの状態と、自分の環境にいる時の状態というのは違うんだっていうのと、意志があって来ているのと意志もなく来ている、授業の一貫だと思ってきている子の違いっていうところで、その違いで出てくるネガティブな面をどうやってなるべくポジティブに変えるかっていう。それをやったのがここだった。（協力者 11）

> それまでは、だいたいどういう対象者でも別にできているの、その場その場でできちゃうのね。このときはそれじゃ駄目だなあ、と思って。（協力者 11）

> やっぱりやってよかったなあって、分析を。で、これを全部プログラムに反映させたから、（中略）1 個 1 個アクティビティに対して、このとき初めてここまで考えた。いつもこんなことしないから。うん。（協力者 11）

まとめ

　吉崎(1987)は授業についての教師の知識領域には教材内容や教授方法についての知識の他に、生徒についての知識という領域があることを指摘している。

　ワークショップ実践者は教師とは異なり、固定の対象に対して実践を繰り返すことは少ない。だが、ワークショップにおいても授業と同様、参加者に

ついての情報はデザインするための重要な要素である（第3章）。したがって、参加者に対する知識並びに情報収集は、デザインに不可欠なものだと考えられる。

　事例 1-1、事例 1-2 からもわかるように、実践者は経験したことのない属性を持つ対象者向けにデザインを行う際、参加者への調査・分析の必要に気がつき、意識的にそれを行っている。これらの経験は、単にデザインできるワークショップのバリエーションが増えたというだけでなく、ワークショップのデザイン自体への理解を深めることにつながっていると考えられる。

(2) 自己の立場の変化に応じたデザインの必要への気づき

　今までと異なった組織の一員となるなど、実践を行う際の立場の変化が契機となった事例である。協力者 3 の 4 年目、協力者 9 の 5 年目など、40 ケース中 6 ケースが確認された。

事例 2-1

　協力者 3 は、足掛け 4 年、複数のワークショップで積極的に経験を積んできたが、自身が中心的に企画立案する経験はなかった。しかし、4 年目に子ども向けワークショップを行う施設に就職したことで、企画立案を中心となって行わなければならない状況に直面する。

> ここの一人でやっていた時期っていうのは、私が企画を立てて、他の人は全部ボランティアさんだったんですね。だから、「これがやりたい」、「やってー」、だけじゃ、人は動かなくって。何のためにこういう風にしましたっていう、結構、詰める、何でそういうようなことをするのかって、いうのを人に説明できないと、デザインができないんだっていう風に。なんかこう、人に、こういうのしたいって、やってもらうって言うためにも、きちんと詰めていかないと伝わらないし、動いてもらえないっていうのが、この一人の時に痛感しました。（協力者 3）

　協力者 3 は、以降、「軸」や「ねらい」を意識し、実践の活動やそこでの参加者への表現を検討するようになった。実践歴 6 年目の現在では、この施設の企画チームは 5 名に増えている。後進育成においても、この時の気づき

は生かされているという。

事例 2-2

　協力者 9 は大学在学時、障害を持つ子ども向けの実践を行う O のワークショップを手伝っていた。当時について協力者 9 は以下のように述べている。

> 特に O 先生とのワークショップとかで、責任は自分にはないから、全責任は、それは先生がやってるものだから、私にはこれを、先生が、すごく俯瞰的な目で見ていたから、だから、それ考える必要が全くなくて、一人一人子どもの一人一人と、対することの悩みはすごくあった時期。（中略）先生が主体でやられていた時は、やっぱり先生の指示を聞いてだとか、先生がこうやりたいからとかっていうことで。O 先生が、なんか、じゃあ、これをやろうぐらいの感じで。あとは、中身を料理することに関してはこっちにまかせてくれていた感じだったりもしたんだけど、やっぱり大きな枠組みは先生が組み立てているから、自分で何かできない。で、そこで、私はすごく欲求不満だったことが、お母さんともっとしゃべりたい、っていう、のがすごく自分の中にあって。（協力者 9）

　協力者 9 の大学卒業（実践歴 5 年目）を契機に、O はこの実践から退いた。ここで、協力者 9 は自分が責任を持って行うという意識が芽生えた。

> 若いからやっぱり、ずっと今までやってきた O 先生とか S 先生とかっていうような説得力はないから、どこで自分の説得力を持たせるか、っていったときに、やっぱり、なんといっても、自分のこう、オーラじゃないけど、その子どもと関わる、そういう、自分のオーラを強くしなくちゃだめなんだっていう。だから、それを鍛えるためにどうしようと思って。鍛えるためにやっていかなきゃなっていうふうに思ってきていて。（協力者 9）

　この時、協力者 9 は今まで持ち続けていた問題意識を自分のワークショップデザインに反映させる。すなわち、ワークショップ参加者の親とのノート交換、というコミュニケーション活動に取り入れるようになったのである。これは、協力者 9 がスタッフをしながら感じた問題意識が自身の立場の変化を契機とし、ワークショップのデザインに具体的な活動として反映されたものである。

まとめ

　企業におけるマネージャーのキャリア形成研究では、人事異動や最初の管理職経験に関する出来事が教訓となり「一皮むけた」経験となりうることが報告されている（谷口 2006）。事例 2-1、事例 2-2 を含め、ワークショップ実践者における「立場の変化」の在り方は一様ではないが、実践者における立場の変化は他の立場にある者への気づきと配慮を促すことがわかった。

（3）他者との協働デザインの中での気づき

　文化的背景の異なる他者と協働でデザインしたことが契機となった事例である。協力者 6 の 7 年目など、40 ケース中 11 ケースが確認された。

事例 3-1

　協力者 6 は大学院で博士課程まで進学し、教育学の立場から美術教育に関する研究をしていたという背景を持つ学芸員である。大学院時代から図工の授業等、多くの授業観察を行った経験を持っている。美術館に教育普及担当として就職したことに対しても、「自分は学校教育学というところの出身だったし、その専門性をばしっと生かせるという意味でやりやすい、やりがいのある仕事だ」と思ったと述べている。

　協力者 6 が実践者 K と協働でワークショップデザインを始めたのは 4 年目のことである。この実践は展覧会と連動する形式でシリーズ化されており、現在も継続中である。K は学芸員ではなく劇団主催者であり、ワークショップ実践歴が非常に長い。

　このシリーズの第 12 回目で、協力者 6 は窮地に立たされる。その回では、人間国宝 T の陶芸を題材にした展覧会と連動するプログラムを考える必要があった。しかしながら、協力者 6 には、その条件がネガティブなものにしか見えず、全くアイデアが浮かばなかったのである（実践歴 7 年目）。だが、K は同じ条件であるのにも関わらず、「ちょっと意地悪なものの見方」をすることで、協力者 6 にとっては全く予想外で魅力的なアイデアを出してきた。その時、協力者 6 は、K の視点から大きな気づきを得ることとなる。

美術館の中で教育プログラム、ワークショップを考えている自分の限界は、どうしても美術、美術館という枠になんだかんだ言って縛られている。私はそういう「美術館」っていうのを、引っ掻き回したくてこういうことやっているんだけれども、やっぱり自分は囚われている。なぜそれがわかったかというと、どうやって考えても“焼き物を割る”っていう発想には自分はいかないから。ありえないから。だけど、でも、やっぱり焼き物は割れ物なんですよ。物理的に、ブツとして。そのことに、そのこと抜きにして鑑賞したり、見たり、っていうことはありえないんだけど、どうも自分は、こう、やっぱり素通りして、作品っていう一つの抽象的なものとしてとらえていた。でも、この人は違うんだなあって、K さんとかは、「これは割れる、割れる」とか思ってるんだなっていうところが痛快、本当に痛快だったんですよ。だから、そうか、モノ、美術館にあるモノと対面するってそういうことだよねえって。そこから始めなければ駄目だよねえって、すごく思ったねえ。楽になった。私にはできない発想かもしれないけれども、で、これからもなんだかんだ言ってできないかもしれないけれど、でも、こういうことなんだよって、なんだか腑に落ちた。（協力者 6）

（K とワークショップデザインを始めた最初の）1 年 2 年、この人は素晴らしい人だとは思うけれどもなんか、私にはやっぱり理解しがたいところがあった。まあ、今だってあるんですけれども、あの、一抹の不安をやっぱりいつもあったように思うんですけれども。やっぱりこれかなあ、このあほらしい、「ブーン、ぱりん」っていうの以降、「あ、もうこの人の言うことにはついて行こう」みたいな。そう思ったら逆に、ここが変だ、って言いやすくなったし。（協力者 6）

　協力者 6 は、K の発言によって自身の現在持っている固定観念に対し自覚的になることができた。さらに、K との協働デザインによって関係を深めていくことを通じ、「決めすぎないで参加者を信頼する」「ちょっと意地悪なものの見方をする楽しさ」といった、今後自分がどのようなワークショップをデザインしていきたいかという方向性や目標をつかんでいったこともわかった。

まとめ

　他の事例でも他者との協働によって自身の固定観念や慣習に気がついたというケースは多い。

　教師研究においても、学年行事などで協働する活動によって同僚に対する見方が変化するという報告がある（木原 2004）。同様の指摘として、社会心

理学研究において藤森・藤森(1992)は、対人葛藤のもたらすプラスの面として、(1)自分自身や他者、そしてその関係性についての理解を深める効果、(2)相互の新しい考えや優れた視点を発見する機会を提供する効果、(3)将来の対人葛藤を効果的に処理する調整機能の発達を促進する効果、を挙げている。一方、荒木(2007)は企業で働く個人のキャリア確立に関する実証研究の中で、実践共同体への参加によって深いリフレクションが引き起こされる可能性を示唆している。

　以上のことからも、ワークショップ実践者が他者と協働でデザインすることは、自身のデザインの方法に対する自覚を深める契機となりうると考えられる。

(4)継続の必要性

　継続的な実践を可能にするため、人材育成や場づくりを行うことを志向し始めたことが契機となった事例である。協力者2の6年目、協力者17の7年目など、40ケース中8ケースが確認された。

事例4-1

　協力者2は大学での指導教員の薦めで、ワークショップを行うNPOに通うようになる。始め、「スタッフ」というより「お客さん的な意識」でファシリテーターを務めていたが、4年目頃から、企画立案を任せられることも増え、自信がついたと同時に意識も変化した。

> この頃からワークショップできる人を育てようって気も同時に考え始めてですね、(中略)4人でやってたのが、1人(就職して)先生になっちゃって完全に抜けちゃって。1人何となく残っていたんですけれども、先生になりたいって言ってて、いずれいなくなるのが明らかだったので、**今後続けて行くんだったら後進みたいなのが必要だなと思って**。いろんな人を連れてきたりとか。なんかこのぐらいかな、だからそういう人たちに声をかけ始めたのが。(協力者2)

　このような意識の変化はあったものの、協力者2はなかなか思うようにその意識を自身のデザインの方法に反映させることができなかった。

　だが、6年目になると企画立案を後輩に任せ自分は一歩引いてサポート役に回ることができ、実践は成功した。

> この（6年目の）時、初めて、手伝ってもらっているT美出身の女の子なんですけれども（彼女に）企画を一個丸ごと投げまして。考えてもらって。それで、きちんとやってきてくれたので、「ああ、任せても大丈夫だ」と。ここが初めてですかね。（中略）まあそれでうまくいって。かなり僕としては、なんていうかな、要素が、ロボットでやったんですけれども、ロボットの世界にアート的な要素その子はアナログで結構描いたりつくったりするのが好きな子なんですけれどもうまいことその要素が合わさって良いワークショップになったって実感があって。それで、コラボレーションとかいう要素も含め、任せてちょうどよかったなって思えたのがちょうどこの時ですね。（協力者2）

　それ以降、協力者2は安心して後輩に企画を任せられるようになったという。

事例4-2

　協力者17は美術館学芸員としての6年勤務した後、自身の関心の変化に伴って独立し、チルドレンズミュージアムの立ち上げに関わってきた。その中で、ワークショップ実践を自身が行うのではなく、新しい施設で働く職員がワークショップを自律的に実施・継続していけるような仕組みを考える必要がでてきた。

> （区立美術館の）現場にいると、自分で、わりとこう、調整できちゃうから、つい、自分でやっちゃうと文字化しなくても、OKだったりするじゃないですか。ほんとにちっちゃな美術館ですし、アトリエにしても講義室にしても外使うにしてもしれてますよね。で、お願いする人も、予算がなかったので、マンツーマンか、あるいは大学院生5人くらいが、せいぜいだった。なので、話をして、予算をとれる企画が立てられれば、その現場で少し修正したりっていうのができればOKだったんですけれども、だんだんそうじゃなくなってきて、っていうのが大きいと思いますねえ。（協力者17）

> Sセンターの場合は、私が関与するかどうかっていうのは、はっきりしていなくて、そこで働く人たちのためのワークショップのメニューのようなものをまとめて作成するという、そういったことが必要だったんです。なので、そのレシピのようなもの、をつくる。それがあった。その頃から、文字化するっていうことをかなり意識して、準備ってどういうことなんだろうって考えるようになった。（協力者17）

　実践を継続して行っていくためにどのような伝え方が必要かを考えていく中で、協力者17はタイムスケジュールや準備の重要性に気がついたという。

> タイムスケジュールをちゃんと入れるようにしたんですが。ワークショップをつくる上で、準備の段階、要するに企画準備の段階の重要さを、それまでも自分たちでやっていったので大変っていうのはあったんだけど、そこ、そういうものをきちんとやっていくことっていうのが、かなり、当日現場で、どういうことが起ころうともちゃんと、フォローできるというか。仕込みの部分の大切さみたいなものをあらためて感じました。で、始まっちゃえば参加者は、主導でいって、どんどん発展していくのであれなんですけれども、出来る限り、良い状況でスタートできるように、準備をするっていうことが、やっぱり、ワークショップにとってはとっても大切なんだじゃないかなあということを。（協力者17）

まとめ

　事例4-1、事例4-2において実践者が置かれている状況は異なっているものの、いずれも実践を継続させていくことや人を育てる仕組みに対して意識を払っていることがわかる。

　ワークショップ実践では、看護師における新人指導のためのプリセプターシップ（吉富・舟島 2007）や、企業におけるメンター（久村 1997）のような制度の整備はされていないものの、長期に渡る教師経験を持つ協力者10を除くと実践歴6〜8年目において後進育成への意識が現れ、それをデザインに反映させるようになることが確認できた。

　これと同時に、継続の必要性を感じたワークショップ実践者は、人材育成以外に対する意識とそれに伴うデザインの変更を行うことがあることが確認できた。事例4-2において新しい施設の設立時に関する事例を取り上げたが、この他の該当事例には、実践を継続して行うための建物を建設する事例（協力者16）や、空き家を借りて運営する事例（協力者8）もあった。このよ

うに、ワークショップ実践者にとって実践の継続を意識した場合、課題となってくるのは人材育成を考えたデザインの在り方のみではなく，運営体制てのものに波及することが多い。これはワークショップ実践が NPO や企業など、民間の集団によって行われることが多く（新藤 2004）、しばしば特定の場を持たずに始まることに起因する特有の現象だと考えられる。

(5) 実践の内省による気づき

自身の実践を内省し、自身の理想とする実践のイメージに近づけようとしたことが契機となった事例である。協力者 13 の 14 年目、協力者 15 の 15 年目および 16 年目など、40 ケース中 5 ケースが確認された。

事例 5-1

協力者 13 は大学教員である。最初のきっかけは大学における講義の在り方について考えるようになったことであった。

> 最初講義をやっていていろいろ、僕の方から話をするよりも、学生と一緒に授業をつくっていくということをはじめて。やり始めたときなんですね。で、まあ、グループ活動やったり、教材を学生と一緒につくったりということをやり始めたのは、この授業でした。（中略）それで今もずっと続いているんですけれども。そういうファシリテーターのコミュニティみたいなのが。その頃からラーニングアシスタントっていう、呼んでましたね。先輩のファシリテーターを。（協力者 13）

協力者 13 は、その後、人と物とのインタラクションを重視した新しい創造的な学びの場を「Playshop」と呼び、学内外において様々な実践を続けてきた。その中で、過去の実践経験への省察から自身の行いたい実践の核となる部分を自分なりに理論化しようとしていた。

> これ（イタリアンミールモデルというモデルは）まあ時系列（モデル）としてはいいんだけれど、（ワークショップの）コンテンツについて何も言っていないんですよね。だから、それを表現できるようなモデルが欲しいなということは一つあって。それで、コンテンツのことを考えていた時に、（中略）からだ、こころ、あたま、っていうね、学生に説明するときにわかりやすいんでこういう、言い方をしているんだけ

138

> ど。必ず体から入って、何か実際にやってみて、そこで、感じたことを、頭で考える。こういう順番でやるっていうのは、この辺(14年目)から、考えてましたね。**これは、シュタイナーの影響があると思いますけれども。**(協力者13)

　時系列モデルであるイタリアンミールモデルや「からだ・こころ・あたま」というコンテンツに関する三段階モデルを経る中で覚える違和感を改善するべく内省を深めた結果、「これとこれが多分、合体し」、14年目にはマトリックスというモデルを考えデザインを行うようになったという。

　この事例では、協力者13自身がイメージしている実践の在り方を「表現できるモデルが欲しい」という想いこそが、省察を促進したのではないだろうか。さらに、ワークショップデザインに関する他者への説明の機会や、隣接する研究分野の知見の援用も、省察を支援するものとして有効に機能していると言えるだろう。

事例5-2

　協力者15はアーティストであるが、ニューギニアで数年間教鞭をとる、不動産関係の企業で働くなど、ワークショップ実践と並行して様々な仕事をしている。

　実践を始めた頃は、自分の伝えたいことや自分の方法を伝えるという意識で実践していた。しかし、ニューギニアで民族学者や社会学者との出会いの中で、住人の語りを引き出す、という研究手法に面白さを感じたという。また、様々な大型アートプロジェクトに従事する中で、その場にいる人と一緒に「ある風景をつくっていく」というワークショップを、日本の文化になじむ形で実践したいと考えるようになった。これが13年目のことである。

　この考え方の変容が、デザインに反映されたのが、15年目および16年目のワークショップである。15年目には、地域の人と定期的(月2回ペースで1年間)にお茶を飲みながら話をし、何をするか、というところから参加者と一緒に考えていくという場をデザインした。この実践からは、そこで立ち上がったアイデアを実際に実施する集団が派生的に立ち上がり、自律的な活動を始めた。協力者15が去った今でも、彼らの活動は継続しているという。

　また、16 年目には、商店街全体を巻き込み、物々交換をする実践をデザインした。そして、この時期を境に、仕組みやツールを考案しそれを「デモンストレーションする」ということを通じ、「ワークショップが発生するためのワークショップ」をデザインし始めた。

分析 1 のまとめ

　第 3 章で、ワークショップ実践者のデザイン過程にはその背景に経験から構築された「個人レベルの実践論」があることが示唆されている。

　Schön(1983)は、建築や精神分析など複数の事例検討から専門家は「行為の中の省察(reflection in action)」を行っていることを指摘している。また松尾(2006)は、プロフェッショナルになる学習過程では経験が重要であると述べた上で、「経験から学習する能力」として「信念」という概念を提起している。そのほか、実践者の「持論」に関する研究は経営学でも多く行われているが、ワークショップ実践者のデザインにおける熟達過程に関して特に興味深いこととして、考え方の変容がすぐにデザインの方法に反映されるわけではないということが挙げられる。

　これらを総合的に考察した結果、ワークショップ実践者は事例 5-1、事例 5-2 のように、過去への省察を通じて自身の仮説を練りあげながらそれを具体化する方法を検討している。さらに、この省察によって自分なりのデザインモデルを見つけるという経験を経つつ、ワークショップデザインの仕方を変容させていくことがあった。

4.3.3　分析 2：デザインの方法における熟達過程
分析方法

　4.3.2 は、ワークショップ実践者がデザインの方法を変化させたとき、背景にどのような契機があったかを明らかにすることができた。また、実践者が自身のデザインの方法を変化させたとき、その前後では様々な「気づき」が起きていたことが確認された。

　だが、4.3.2 の分析結果のみでは、実践者のデザインにおける熟達過程に

関し、その全体像を明らかにすることはできていない。4.3.2 で分析した変容の契機は、その多くが偶然経験されたものであるため、この知見のみでは、実践者育成に役立てることは難しいだろう。

　そこで、実践者のデザインの方法における熟達過程をさらに詳細に分析するため、今回取得した全ての発話データを文字化し、それをデータに密着してまとめあげることにした。方法は、質的研究法のなかでも特に手続きが体系化されていることから、グラウンデッド・セオリー・アプローチ（以下、GTA）（Glaser & Strauss 1967=1996）を参考にした。

　GTA の中にはいくつものバージョンがあるが、そのなかでも修正版グラウンデッド・セオリー・アプローチ（以下、修正版 GTA）（e.g. 木下 2003；2007）はインタビュー調査の分析に適しており、手続きが詳細で具体的であることや、動的なプロセスの分析に用いられることが多いことから、この方法を主として参照した。

　修正版 GTA は、データ分析とデータ収集を並行して行い、分析結果を新たに収集したデータで確認することにより独自の説明概念を生成するという特徴がある（木下 2003）。GTA がデータに切片化を行うのに対し、修正版 GTA ではデータを切片化せず、分析を行う研究者の問題意識に基づきデータに表現されたコンテキストを分析する立場をとっている点が大きく異なる点である。具体的には、徳舛（2007）の手順で分析を行った。

(1)**概念生成**：オープン・コーディングによって、複数の概念を同時・並行で生成した。概念生成には、分析ワークシート（木下 2007）を用いた。分析ワークシートには、概念名、概念の定義、具体例を記入する。また、その概念の解釈や概念同士の関係などを記録した（徳舛 2007）。分析ワークシートは各概念別に作った（徳舛 2007）。

(2)**対極例、矛盾例の有無**：生成された全ての概念に関して、対極例、矛盾例の有無を検討した（徳舛 2007）。この検討で分析者の恣意的・操作的な解釈の危険性を抑制できる（徳舛 2007）。

(3)**理論的飽和**：収集したデータから生成された全ての概念に、具体例、対

極例、矛盾例がいずれも無く、新しい概念の生成可能性がないと確認された時点で、概念生成の一応の理論的飽和化（徳舛 2007）とした。各概念生成、モデル構成の2つの段階に理論的飽和が修正版 GTA では設定され、より客観性を確保できる（徳舛 2007）。

(4)収束化：概念同士の関連からカテゴリ・グループとして、類似性の高い概念をまとめる収束化（徳舛 2007）を行った。カテゴリの作成では、1つの概念に関連を持ちそうな概念を概念ごと全て検討した。そして、その関連をもとにカテゴリを作成した（徳舛 2007）。さらに、カテゴリ作成と同じく、カテゴリ相互の関連を検討し、その関連をもとにカテゴリ・グループを作成した（徳舛 2007）。なお、関連とは、概念相互の時間的順序性、意味の近さ、行為の類似度を意味する（徳舛 2007）。

(5)分析結果の表示：カテゴリ、カテゴリ・グループ間の関連を検討し、概念間の関係をモデル図としてまとめた。

分析2の結果

　分析対象である17名に関して分析した結果、25の概念が生成された。概念相互の時間的順序性、意味の近さ、行為の類似度の観点から、カテゴリとカテゴリ・グループを構成した。カテゴリは10、カテゴリ・グループは4生成された（表4.3 参照）。【】はカテゴリ・グループ、〈〉はカテゴリ、[]は概念を示している。

表 4.3　生成された概念、カテゴリ、カテゴリ・グループとその該当者

カテゴリ・グループ	カテゴリ	概念	協力者
【実践者としての原点】	＜学びの原風景＞	［参照される学習体験］	1,2,3,4,6,7,8,9,10,11,12,13,14,15,16,17
		［学校に対する捉え方］	1,3,4,6,7,9,10,11,12,13,16,17
	＜自立心＞	［実践の根源的動機］	3,5,6,7,8,9,10,11,12,13,14,15,16,17
		［自立志向］	2,3,5,6,8,9,10,11,12,13,14,16,17
【葛藤状況とブレイクスルー】	＜他者の受容＞	［他者による実践の存在への気づき］	1,2,3,4,5,6,7,8,9,10,11,12,13,14,15,16,17
		［先達との出会い］	3,5,6,8,9,11,14
		［他者からの助言］	5,6,7,9,11,15
		［他者との協働デザインの中での気づき］	2,3,5,6,7,8,11,12,13,14,15,16
		［他実践者とのつきあい方］	1,3,5,6,7,8,10,11,12,13,14,15,16,17
	＜他者への違和感＞	［なじめなかったワークショップ実践］	1,3,4,5,7,8,9,14,17
		［修行意識及び修行期の悩み］	2,3,7,9,11
		［周囲との齟齬］	1,2,3,5,8,9,11,12
		［文化の異なる他者へ実践を伝える難しさ］	3,4,5,6,8,9,11,14,16,17
【他者との関係構築への積極性】	＜文脈への配慮＞	［自己の立場の変化に応じたデザインの必要への気づき］	2,5,7,8,9,11,12,14,15,17
		［対象者の違いに応じたデザインの必要への気づき］	1,3,4,5,6,7,8,11,12,15,16
		［実践の文脈・背景への関心］	2,5,7,8,9,11,12,13,14,15,16
	＜他者からの評価＞	［他者からの評価］	1,4,5,9,11,13,14,16
	＜実践継続に対する関心＞	［実践の場の継続に対する悩み・関心］	4,6,8,9,10,11,12,13,14,15,16
		［人材育成への関与］	2,3,6,7,8,9,10,11,12,13,14,15,16,17
【個人レベルの実践論の構築】	＜経験の再解釈、新たな意味づけ＞	［実践に対する自分なりの意味づけ］	1,2,3,4,5,6,7,8,10,11,12,13,14,15,16,17
		［実践のデザインに対するこだわり］	1,2,5,7,8,11,12,13,14,15,16,17
		［仮説の実証］	1,5,10,11,12,13,14,15,16,17
		［過去の学習体験の参照］	1,2,5,6,7,8,9,10,11,12,13,14,15,16
	＜実践の内省＞	［実践の内省］	1,2,4,5,6,7,8,13,14,15,16,17
	＜実践の文字化＞	［実践の文字化］	1,6,7,9,10,11,13,15,16

　なお、カテゴリ・グループおよびカテゴリの内容に関しては、以下のように構成した。

【実践者としての原点】

　実践者を根底で支えるものとして、［参照される学習体験］［学校に対する捉え方］があることがわかった。ワークショップ実践とは異なる学習体験も、しばしばワークショップをデザインする際に想起されることが確認できた。これを＜学びの原風景＞とする。さらに、ワークショップ実践者には、なぜ自分が実践を行うかという自身の体験や価値観に基づいた強い動機や、自分らしい実践への向上心があるということもわかった。そこで、これを＜自立心＞とし、［実践の根源的動機］と［自立志向］から構成した。2つのカテゴリ＜学びの原風景＞と＜自立心＞を統合し、【実践者としての原点】とした。

【葛藤状況とブレイクスルー】

　ワークショップ実践者は自身の【実践者としての原点】に基づくだけではなく、他の実践者と接する経験を持っている。他の実践者のワークショップデザインや、その考え方に触れることを通じ、自身の実践のデザインを洗練させたり、新たな意味づけを行ったりしている。この際、多くの実践者は、他者の実践の全てをすぐに受け容れることができるわけではない。＜他者の受容＞と＜他者への違和感＞を通じ、他者の実践と自身の実践とを比較しながら、少しずつ固有のものの見方・考え方を形成していくことが熟達の要となっている。＜他者の受容＞は、［他者による実践の存在への気づき］［先達との出会い］［他者からの助言］［他者との協働デザインの中での気づき］［他実践者とのつきあい方］から、＜他者への違和感＞は、［なじめなかったワークショップ実践］［修業意識及び修業期の悩み］［周囲との齟齬］［文化の異なる他者へ実践を伝える難しさ］から構成した。

> **事例Ⅰ【葛藤状況とブレイクスルー】**
>
> 　協力者4はワークショップに関心を持ってすぐに、多くの実践者が集まるフォーラムに参加してみた（[他者による実践の存在への気づき]）。しかしながら、そこには「方法論しかない」、と感じたという（[なじめなかったワークショップ実践]）。そこで、対象によってもテーマによっても実践の在り方は変わってくるということに気づき（[対象者の違いに応じたデザインの必要への気づき]）、「なるほどなあ、ワークショップって全然人によって違うんだなあってことが、ちょっとわかった」という（[他実践者とのつきあい方]）。

【他者との関係構築への積極性】

　1人で一通りワークショップのデザインができるようになると、新しい組織への移動や役割の変化を経験することもあり、[自己の立場の変化に応じたデザインの必要への気づき]も生まれる。また、少しサイズの大きな実践や、今まで受けたことのない依頼によって扱ったことのない参加者を経験し、[対象者の違いに応じたデザインの必要への気づき]があるとともに、[実践の文脈・背景への関心]も強まる。これらを＜文脈への配慮＞とした（4.3.2　事例1-1、事例1-2、事例2-1、事例2-2を参照）。

　また、＜他者からの評価＞は、自身のワークショップ実践に対し他者から受けた評価内容や、他者からの評価に関する関心を指す[他者からの評価]から構成した。

　さらにワークショップ実践者は、実践歴が長くなるにつれて[実践の場の継続に対する悩み・関心]が出てきたり、[人材育成への関与]をしたりする。これらをまとめて＜実践継続に対する関心＞とした（4.3.2　事例4-1、事例4-2を参照）。

　＜文脈への配慮＞＜他者からの評価＞＜実践継続に対する関心＞という、＜他者の受容＞よりも一歩踏み込んだかかわりの模索に関する3カテゴリを統合し、【他者との関係構築への積極性】とした。

【個人レベルの実践論の構築】

　ワークショップ実践者のデザインにおける熟達過程では、経験によって実践者それぞれが自分固有のものの見方、考え方を形成していくと考えられ

る。このような実践者のものの見方・考え方を形成する一連の過程に関係するカテゴリを統合し、【個人レベルの実践論の構築】とした。【実践者としての原点】は実践者の【個人レベルの実践論の構築】における比較検討材料となっている(4.3.2　事例5-1を参照)。

　また、【葛藤状況とブレイクスルー】は深い＜実践の内省＞を引き起こし、結果として【個人レベルの実践論の構築】に至るための重要な要素として機能することがある。さらに、自身のワークショップ実践に関し本や報告書などを著すなど【他者との関係構築への積極性】の現れとともに＜実践の内省＞が深まり、【個人レベルの実践論の構築】が促される(4.3.2　事例4-2を参照)。

事例Ⅱ【実践者としての原点】と【個人レベルの実践論の構築】

　協力者1は大学時代、漁師町の若者組などに入ってフィールドワークをした経験が、現在実践をデザインする上での原点となっていると述べる([参照される学習体験])。そこで学んだ「人と人との関係の中で独特な世界ができる」ということを想起しながら([過去の学習体験の参照])、「真剣勝負」で「猛烈に対話する」ことができる場を目指し、座席配置やタイムスケジュールに配慮している([実践のデザインに対するこだわり])。さらに自身の実践に対し、参加者にとっても自分にとっても答えのない、気づきの場であり、「リサーチ」であるという意味づけをしている([実践に対する自分なりの意味づけ])。

事例Ⅲ【葛藤状況とブレイクスルー】と【個人レベルの実践論の構築】

　協力者5はアーティストH.K.の実践を手伝っていたことなどから([他者による実践の存在への気づき][先達との出会い])、スケジュールなどをほとんど決めずに行うワークショップのやり方しか知らなかった。
　ところが、別の方法をとる集団と出会い([なじめなかったワークショップ実践])、いくつか協働でデザインを行う経験をした結果、最初は「違和感」を感じたが([周囲との齟齬])、次第に相手の「やりたいことっていうのを理解するようになって」([他者との協働デザインの中での気づき])、「どうして自分がそのスタンスが駄目だと感じるのか」を理解できたという。その上で、「お互い見ながら、こう、つくりあっているというか、関係を」という状態になったとする([文化の異なる他者へ実践を伝える難しさ][他実践者とのつきあい方])。さらに、「僕にしかできない」ものを目指して「ライブに」実践したいという、自身の目指す方向性を強く認識できるようになった([実践に対する自分なりの意味づけ][実践のデザインに対するこだわり])。

ワークショップ実践者のデザインにおける熟達化モデル

　カテゴリおよびカテゴリ・グループの関係を図にまとめたものが、図4.3である。図は左から右への方向で時間の流れを表している。実践者が実践を開始する前の時期（一番左）からベテランになるまで（一番右）を表している。それぞれのカテゴリおよびカテゴリ・グループの配置は、基本的に、その該当概念が、分析対象となった実践者のキャリアヒストリーの中のどの時点で出現・消失したかを検討することで決めた。

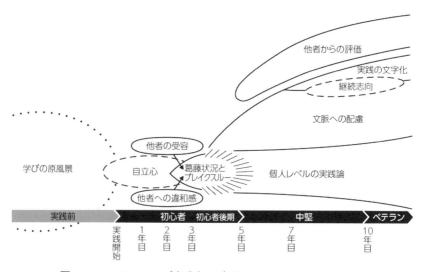

図4.3　ワークショップ実践者のデザインにおける熟達化モデル

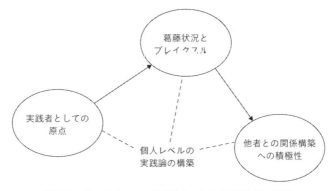

図 4.4　ワークショップデザインにおける熟達の構造

　図 4.3 が実践歴と対応させて熟達過程を表現しているのに対し、ワークショップデザインの熟達そのものの構造について提示したものが、図 4.4 である。図中の矢印は時間の流れの向きを示している。ワークショップデザインにおける熟達は【実践者としての原点】【葛藤状況とブレイクスルー】【他者との関係構築への積極性】の順に進む。また、この 3 つのカテゴリ・グループの連なりの中継点に【個人レベルの実践論の構築】というカテゴリ・グループを据えた。これは、【個人レベルの実践論の構築】が熟達過程の中で継続的に存在することが確認されたためである。

　なお、【実践者としての原点】【葛藤状況とブレイクスルー】【他者との関係構築への積極性】は、【個人レベルの実践論の構築】を助ける要因となっている。この相互作用について、図中では点線にて描写した。

4.4　結果・考察・今後の課題

4.4.1　分析結果の総括

　分析の結果、ワークショップ実践者のデザインの方法の変容の契機は、(1)対象者の違いに応じたデザインの必要への気づき、(2)自己の立場の変化に応じたデザインの必要への気づき、(3)他者との協働デザインの中での気づき、(4)継続の必要性、(5)実践の内省による気づき、の 5 つに類型化す

ることができた。また、ワークショップ実践者のデザインにおける熟達過程には、(1)実践者としての原点、(2)葛藤状況とブレイクスルー、(3)他者との関係構築への積極性、(4)個人レベルの実践論の構築、という4つの要素が関係していることがわかった。

4.4.2　考察

本研究ではワークショップ実践者におけるデザインの方法の変容の契機のパタンに関し知見を提出することができた。さらに、ワークショップ実践者のデザインにおける熟達過程のモデルを提示することができた。

これまでの分析結果を踏まえ、ワークショップ実践者育成について示唆される点を指摘する。

(1)デザインの熟達化における段階

デザインの方法の変容の契機と実践経験の年数に関係があると思われる部分があった。

これまで、第2章では、初心者(実践歴1年以上5年未満)、中堅(実践歴5年以上10年未満)、ベテラン(実践歴10年以上)と操作的定義を行った上で専門性に関する現時点での意識の在り方を中心に比較分析を行った。第3章では初心者後期(3年)とベテラン(実践歴10年以上)の実践者のデザイン過程に関する比較を行い、ベテランの特徴を指摘した。第4章では、ケース分析ではあるが、初心者、中堅、ベテランの時期に、それぞれ特有の経験や思考形態があることを多少なりとも明らかにすることができた。

これらのことは、ワークショップ実践者においても教師の成長で言われるような初任・中堅・ベテランといった段階の設定を操作的に行うことの有用性を裏付けるものであろう。この観点に立ち、第2章・第3章・第4章を通じて得られた知見は、あらためて第5章にて総括する。

(2)デザインモデルの発見

デザインモデルに関しては、第3章においてもベテランが固有のデザイン

モデルを持つことが確認できている。

　第４章では、デザインモデルがいかにして経験とそれに対する省察を通じて自分なりのデザインモデルを見いだされてきたのかという過程をケースから見いだすことができた。全ての対象者は、他者のデザインしたワークショップを体験する機会とワークショップ以外での学習体験を持っていた。さらに、これらに対する省察を行う中で、自分の目指す方向性を検討していた。

　デザインモデルの発見は、ワークショップデザインにおける熟達に重要であるということが示唆された。

(3)育成対象者の状態把握の必要性

　ワークショップ実践者は様々な経緯で実践歴をスタートさせているため、その熟達化の速度や在り方も一様ではない。故に、実践開始時のモチベーションや経験、既有知識は異なることが予想され、必要とされる育成課題も変わると考えられる。このことは、第２章・第３章からも別の角度からではあるが示唆されてきたことである。今後、育成対象者の状態に対応した支援方法の提案が必要だろう。

(4)実践研究の「場」の必要性

　実践歴の長い実践者の発話には、「研究(リサーチ)」「分析」「調査」の重要性への指摘が散見された。このことからも示唆されるように、ワークショップをデザインするという営みは、詳細な情報収集や仮説生成的な事前のシミュレーション、目的を反映した活動の組み立てといった論理性を必要とするものだと考えられる。今後は、デザイン過程の記録や共有、実践者間の対話、類似性の高い外部の領域との接点の構築などの支援に向け、テクノロジーの利用も含めた学習環境の提案が必要となるだろう。

4.5　第4章の小括

　これまで、第3章・第4章では、ワークショップデザインにおける熟達に関して実証研究を行った。

　第3章では、Schönにおける、専門家の「技（artistry）」の解明に関する研究、という視点で研究を行った。具体的には、ワークショップのデザイン過程におけるベテラン実践者の特徴的思考を明らかにすることを目指し、ベテラン実践者とその集団に属する初心者2組に思考発話法を用いた実験を行った。そして、デザイン過程における発話内容を分析し、ベテランに共通する特徴を検討した。

　実験の結果、ベテランにおけるデザイン時の発話には、依頼内容の確認・解釈の後、コンセプトの立案を行うという共通の流れがあることが明らかになった。また、ベテランの特徴として、(1)依頼内容に対する幅広い確認を行うこと、(2)デザインの仮枠となるデザインモデルを使用すること、(3)保留や選択の余地を残した「やわらかな決定」を行うこと、(4)スタッフの育成に対する意識とデザイン力を持つこと、(5)過去の実践体験の想起や経験から構築された慣習を用いてデザインを行うこと、が明らかになった。さらに、ベテランには経験に裏づけられた「個人レベルの実践論」があることが示唆された。

　第4章では、ワークショップ実践者のデザインの方法が変容した契機に着眼し、実践者がデザインにおいて熟達する過程を明らかにすることを目的とし、実証研究を行った。方法としては、経験年数5年以上のワークショップ実践者19名に対し、半構造化インタビューを行った。分析の結果、実践者におけるデザインの方法の変容の契機は、(1)対象者の違いに応じたデザインの必要への気づき、(2)自己の立場の変化に応じたデザインの必要への気づき、(3)他者との協働デザインの中での気づき、(4)継続の必要性、(5)実践の内省による気づき、の5つに類型化することができた。

　さらに、ワークショップ実践者がデザインにおいて熟達化する過程では、(1)実践者としての原点、(2)葛藤状況とブレイクスルー、(3)他者との関係

構築への積極性、(4)個人レベルの実践論の構築、という4つの要素が関わり合っていることがわかった。

　これまで第3章・第4章で行った熟達化研究から明らかになったことは、実践者育成に対して有用であろう。しかしながら、筆者は、熟達化の知見のみでは育成の課題を導出するのには十分でないと考える。なぜならば、実証研究でアクセスできたのは、実践者として熟達した人であり、脱落したケースやうまくいかなかったケースを十分に含むことはできていないからである。

　ワークショップデザインにおける熟達化研究の知見から実践者育成の課題を考えるためには、近接領域での人材育成で留意されていることを再度読み込み、そこから示唆を得ることも必要となる。本研究では、ワークショップを「他者との相互作用の中で何かを創りながら学ぶ学校外での参加型学習活動」と定義し、教育における専門職の熟達を中心に、芸術家を中心とした創造的活動の従事者の熟達、看護師・福祉専門職といったコミュニケーションの支援を行う専門職の熟達についても、幅広くレビューを行っている。

　第5章では、熟達化研究の知見と先行研究を照らしあわせながら、ワークショップ実践者育成に向けた課題を検討する。その上で、実践者が学び合う環境をデザインするために必要なことは何かについて提言する。

第 5 章 ワークショップ実践者の育成に 関する課題と提言

第 5 章の概要

　第 5 章では、本書の結論として、実践者育成に関する課題と提言を述べる。

　まず、各章での議論を概観した後、個々の議論から導き出された結果を総括する。第 1 章では、ワークショップとワークショップ実践者を取り巻く動向とその課題を把握した。第 2 章では、ワークショップ実践者の専門性について、実践者自身がどのような認識を持っているかについて調査し、その結果、熟達によってデザインにおける専門性の認識が異なっていることを明らかにした。第 3 章、第 4 章では、ワークショップ実践者のデザインにおける熟達に関して、実証研究を行った。

　第 5 章では、第 3 章・第 4 章での実証研究の知見を総括した上で、他専門職における専門性研究の知見も参照しつつ、実践者育成における課題を整理する。さらに、今後実践者育成に向けたモデルを提案し、本書の結論とする。

5.1　各章のまとめ

　第 1 章では、本書の背景と目的について述べた。近年、「新しい学びの手法」としてワークショップが注目されている。インフォーマル学習に対する注目が高まる中、「新しい学びと創造のスタイル」であるワークショップへの関心も高まっている（中野 2001）。広石（2005）は、構成主義の立場からワークショップの学びを「意味生成の自由な学び」と定義している。このような

緩やかな学びとしてのワークショップはどのように生まれ、発展してきたのだろうか。

中野(2001)は現在ワークショップが行われている領域を、7領域に分類している。多様化した現代的な意味でのワークショップは、各領域で異なるかたちで発展しており、歴史的にも未開拓な部分が多い(新藤 2004)。 現在では、ワークショップが行われる分野は美術、演劇、まちづくり、教育、ビジネス、国際協力、医療など多岐に渡る。20世紀末には新奇な言葉だったワークショップが、21世紀に入り日常に定着したという指摘もある(真壁 2008)。錦澤(2001)は表題に「ワークショップ」という言葉が含まれた研究論文件数の国内における推移を調査し、1970年代をワークショップの萌芽期、1980年代を展開期、1990年代を普及期と位置づけている。

今後、ワークショップ実践者の育成支援を考えていく上で、どのようなアプローチがありうるのだろうか。他専門職に関しては、既にその職業に従事する人々を対象とした意識調査が多く行われており、その職業独特のものの考え方や必要とされるスキルなどを検証する研究が存在する(e.g. 前信・長吉 2003；勅使河原・佐藤 2008)。第1章では、その結論として、専門性に関する探索的な調査研究を行うことは、ワークショップ実践者を専門性ある者として育成するためにも有用な知見となると考えられる、という問題提起を行った。

第2章では、第1章での問題提起を踏まえ、ワークショップ実践者の実践に対する意識を調べることでワークショップ実践者自身が考えている専門性とは何かを明らかにすることを目的とした調査を行った。まず、ワークショップ実践者への第一次インタビュー調査(実践経験5年以上の実践者10名を対象)を行い、仮説を立てた上で、質問紙調査(実践者120名を対象)を実施した。

質問項目は、所属、年齢、性別、職業、実践歴、実践テーマ・ジャンル、企画の仕方(単独か協働か)、日常の生活スタイル、ワークショップへの関わり方、ワークショップ実践者育成への現状での関わり方、実践にのぞむ際の

不安、他実践者への違和感、などであった。

　第 3 章・第 4 章では、ワークショップデザインにおける熟達に関して実証
研究を行った。

　第 3 章では、Schön における、専門家の「技(artistry)」の解明に関する研
究、という視点で研究を行った。

　具体的には、ワークショップのデザイン過程におけるベテラン実践者の特
徴的思考を明らかにすることを目指し、ベテラン実践者とその集団に属する
初心者 2 組に思考発話法を用いた実験を行った。そして、デザイン過程にお
ける発話内容を分析し、ベテランに共通する特徴を検討した。

　実験の結果、ベテランにおけるデザイン時の発話には、依頼内容の確認・
解釈の後、コンセプトの立案を行うという共通の流れがあることが明らかに
なった。また、ベテランの特徴として、(1)依頼内容に対する幅広い確認を
行うこと、(2)デザインの仮枠となるデザインモデルを使用すること、(3)保
留や選択の余地を残した「やわらかな決定」を行うこと、(4)スタッフの育
成に対する意識とデザイン力を持つこと、(5)過去の実践体験の想起や経験
から構築された慣習を用いてデザインを行うこと、が明らかになった。さら
に、ベテランには経験に裏づけられた「個人レベルの実践論」があることが
示唆された。

156

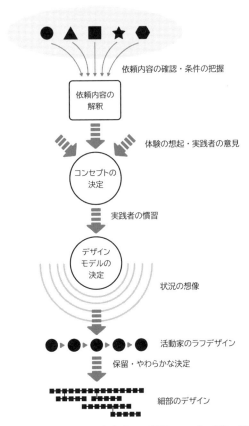

依頼内容の確認・条件の把握

依頼内容の
解釈

体験の想起・実践者の意見

コンセプトの
決定

実践者の慣習

デザイン
モデルの
決定

状況の想像

活動家のラフデザイン

保留・やわらかな決定

細部のデザイン

図5.1　ベテランによるワークショップデザイン過程のモデル（第3章より）

　第4章では、ワークショップ実践者のデザインの方法が変容した契機に着眼し、実践者がデザインにおいて熟達する過程を明らかにすることを目的とし、実証研究を行った。方法としては、経験年数5年以上のワークショップ実践者19名に対し、半構造化インタビューを行った。分析の結果、実践者におけるデザインの方法の変容の契機は、（1）対象者の違いに応じたデザインの必要への気づき、（2）自己の立場の変化に応じたデザインの必要への気づき、（3）他者との協働デザインの中での気づき、（4）継続の必要性、（5）実践の内省による気づき、の5つに類型化することができた。

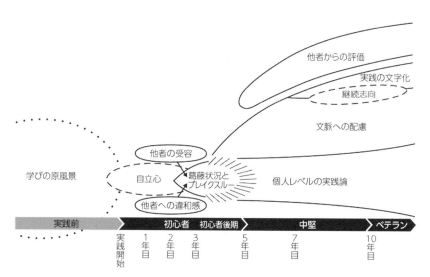

図 5.2　ワークショップ実践者のデザインにおける熟達化モデル
（第 4 章より）

　さらに、ワークショップ実践者がデザインにおいて熟達化する過程では、
(1)実践者としての原点、(2)葛藤状況とブレイクスルー、(3)他者との関係
構築への積極性、(4)個人レベルの実践論の構築、という 4 つの要素が関わ
り合っていることがわかった。

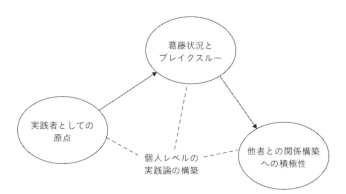

図 5.3　ワークショップデザインにおける熟達の構造（第 4 章より）

これまで第 3 章・第 4 章で行った熟達化研究から明らかになったことは、

実践者育成に対して有用であろう。しかしながら、筆者は、熟達化の知見のみでは育成の課題を導出するのには十分でないと考える。なぜならば、実証研究でアクセスできたのは、実践者として熟達した人であり、脱落したケースやうまくいかなかったケースを十分に含むことはできていないからである。

　ワークショップデザインにおける熟達化研究の知見から実践者育成の課題を考えるためには、近接領域での人材育成で留意されていることを再度読み込み、そこから示唆を得ることも必要となる。

　本研究では、研究対象とする「ワークショップ」の特徴として、(1)ノンフォーマルな学習活動であること、(2)創造的活動であること、(3)コミュニケーションへの支援があること、を挙げている。このことから、1.2では、教育の専門職の熟達を中心に、芸術家を中心とした創造的活動の従事者の熟達、看護師・福祉専門職といったコミュニケーションの支援を行う専門職の熟達についても、幅広くレビューを行った。5.2では、これらの先行研究からワークショップ実践者育成に向けて得られる示唆を整理し、熟達化研究の知見に対する再解釈を行う。

5.2　ワークショップ実践者育成における課題

　ワークショップ実践者の育成における固有の課題について、先行研究と実証研究の知見から総合し考察した。手順としては、以下の3つの段階を経ている。

　第一に、ワークショップデザインの熟達過程で構築される「個人レベルの実践論」とは、具体的にどのようなものであるかについて教師研究における「個人レベルの指導論」および教師の「実践的知識」(吉崎1997)という概念を参考にしながら検討した。そして、実践者育成に向けた課題として、**「個人レベルの実践論の構築」**があることを指摘し、熟達化研究の知見からその背景にある**「デザインモデルの共有と伝達」**と**「自己の学習経験に対する内省の促進」**を指摘した。ここまでは、個人に対する視座である。

　次に、個人の熟達を成立させている状況について検討した。その中で着眼すべきこととして、ワークショップ実践者のデザインにおける熟達の契機に、実践者同士での協働があると考えた。そこで、**「他実践者からの学習」**という課題を導出した。

　最後にこれまで挙げた4つの課題を、さらにメタレベルで成立させるものについて考えた。ワークショップ実践者を、不確実な現実のなかで常に学び続ける「反省的実践者」(Schön 1983)として捉えた場合、その専門性というのは揺らぎのなかで形成されるものだと考えられる。これは第3章において、初心者が不安を持っていることや、第4章において熟達過程で経験の少ない実践者はベテランに対して懐疑的な状態にある場合があることなどからも明らかである。

　これについて、対人援助の専門職に関する熟達化の知見では、専門家としてのアイデンティティを持つことの意義が指摘されている。そこで、実践者育成における第5番目の課題として、**「専門家としてのアイデンティティの形成」**を加えた。以上の過程により、実践者育成について、5つの課題が導出された。

(1) 個人レベルの実践論の構築

(2) デザインモデルの共有と伝達

(3) 自己の学習経験に対する内省の促進

(4) 他実践者からの学習

(5) 専門家としてのアイデンティティの形成

　以降、第3章・第4章で行ったワークショップ実践者の具体的な事例と結びつけながら、この5つの課題について詳述する。

5.2.1　個人レベルの実践論の構築

　この視点は、主に教師研究における「個人レベルの指導論」という視点、および、教師の「実践的知識」(吉崎 1997)と授業力量形成に関する知見から示唆を得ている。

　藤原・遠藤・松崎(2006)は、教師の実践的知識が、個人的来歴や信念と

深く関連することを指摘しており、Hammerness et al. (2005)、Lortie (1975)は、ほぼ全ての人が教職生活の開始以前に非常に長い被教育経験を持ち、授業について「よく知っている」と述べている。

　ワークショップ実践者の場合も、実践者となる以前からの様々な学習経験がデザインに影響することが確認できている(第3章・第4章)。これらの学習経験は、学校における被教育経験とそれ以外の場における学習の両方があると考えられる。「観察による徒弟制」(秋田 1996)という教師研究の知見を参考にするならば、実践者育成の過程で、実践者個々人が持つ学習経験と学習に対するイメージを考慮することが課題だと推察できる。また、前職が教師等教育関係の職であったり、教員免許取得のための養成を受けていたりする場合、ワークショップデザインをするにあたって教師としての経験や信念体系に固執し過ぎないよう促すことも必要だろう。

　ワークショップでは、多くの参加者に同時に様々な対応をしなければならない。実践現場が複雑であるという点は、教師研究で授業についてなされた指摘(Hammerness et al. 2005；Kennedy 1999)と類似している。従って、ワークショップ実践者も、言葉の上で知識獲得したからといってそれを容易に現場で実践化できないと考えられる。

　第2章で行った質問紙調査からは、初心者からベテランまで共通した「ワークショップ実践者らしい考え」があることが示されている。例えば、第2章からワークショップデザインは、実践歴に関わらず当日の運営と関連づけられて考えられていることがわかっている。一方で、ベテランは、当日の状況を想定しつつ、決定を保留する部分も残しつつデザインを進めていたが初心者にはそのようなデザイン過程は確認できなかった(第3章)。考え方を持つことと、それをワークショップデザインする中でどれだけ実現できるかには大きな隔たりがあると言わざるを得ない。通常、ワークショップ実践者が言葉の上で獲得した知識は、複雑な状況を経験する中で初めて実践的知識として形成されていくのである(第4章)。

　第3章、第4章から、ワークショップデザインにおける熟達には一定の時間が必要であることがわかっている。ワークショップ実践者はデザインの熟

達過程において、自己説明的な活動を行いながら「ワークショップ実践者の経験に由来した固有のものの見方、考え方」を構築している．これをワークショップ実践者における「個人レベルの実践論」と呼ぶ。状況の想像やデザインにおける保留も、この個人レベルの実践論によって判断がなされていると考えられる(第 3 章)。

　本章では、吉崎(1997)の「授業力量」の定義を参考にし、ワークショップ実践者の個人レベルの実践論を「実践に対する信念、実践的知識、実践の技術という 3 要素を持つもの」として再定義する。すなわち、「ワークショップ実践者における個人レベルの実践論」は、教師研究の知見を参考にし、実践に対する信念、実践的知識、実践の技術という 3 要素とその重なり合ったものの集合体と仮定する(図 5.4)。

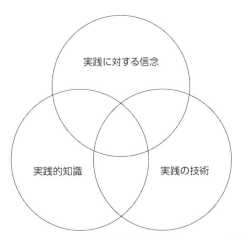

図 5.4　ワークショップ実践者における個人レベルの実践論

　では、「実践に対する信念」、「実践的知識」、「実践の技術」はいかに獲得されていくのだろうか。そして、実践者の個人レベルの実践論は具体的にどのような過程で構築されていくのであろうか。

　第 3 章での実験結果から、ベテランはデザイン過程において初心者よりも多くの保留を行っていた。さらに、その保留の中には、実験時間中の保留だけではなく「スタッフミーティングの際に決定する予定のもの」「当日の進

行において決定するもの」という明確な区分があった。つまり、ベテランはデザイン過程において実践前に決定することと決定しないことを切り分けている。これは「実践の技術」の1つである。

　初心者後期までは、(1)実践者集団に関わっているためワークショップデザインを一から単独で行うことが少ない、もしくは、(2)制約が少なく自分のやりたい設定・環境で自発的にデザインし実践することが許されている、というケースのどちらかであることが多い。しかしながら、中堅になると、外部からの依頼に応じて実践をするという「仕事」を託する経験をする実践者が増えてくる。不慣れな条件下でのワークショップデザインは、実践的知識が十分に無いことから中堅であっても戸惑うことがある。個人レベルの実践論は、「実践的知識」「実践の技術」「実践に対する信念」の3要素がバランスを取りながら獲得されることによって形成されていくと考えられる。実践者の育成を支援する上では、その点に留意する必要がある。

5.2.2　デザインモデルの共有と伝達

　初心者支援のために、初心者と中堅・ベテランの間のコミュニケーションをどのように支援するかということは、ワークショップ実践者の育成においても課題である。

　ロールモデルとなる実践者や、スーパーバイザーとして実践の相談に乗ってくれる者が身近にいるという環境は、育成の場として理想的である。教師研究、看護研究、福祉専門職の研究では、メンター、プリセプターシップ、スーパービジョン等、呼称は異なるがベテランによる初心者支援の手法が導入されている。

　しかしながら、ワークショップ実践者育成の場合、全ての初心者育成をこの方法で網羅することは現実的でない。なぜなら、福祉専門職の育成においても指摘されていたように、スーパーバイザーの養成を行うという課題が生まれるからである。既に養成の制度が確立している教師・看護士に対し、福祉専門職ではベテランが初心者支援を行うという方法が必ずしも十分に機能していない。

　ワークショップ実践者もまた、福祉専門職と似たような状況を抱えていると考えられる。第 1 章・第 2 章でも指摘したように、日本におけるワークショップ実践者は、萌芽期において体系だった養成を受けてきたわけではない。実践者は各々のいる領域で海外に先達を見つけたり、自己流に改善を行ったりして実践を続けてきた。ゆえに、普及期にある現代において初心者育成を考える場合、萌芽期からの実践者が良き相談相手となりうるかについてはこのような歴史的背景を考慮する必要があろう。

　そこで現実的な方法として考えられるのは、実践歴が長い者が一方的に人材育成を担当するのではなく、実践者同士がデザイン過程を相互支援できるつながりや仕組みをつくることである。例えばピアレビューのような活動も有効だろう。初心者だけでなく、中堅やベテランにとっても、自身のワークショップデザインについてその思考過程を外化し他者と共有することで内省が深まると考えられる。その際、個々の実践者がいかにワークショップをデザインしているかについて議論しやすくするために有用だと考えられるのが、「デザインモデル」である。

　第 3 章ではベテランが実際にデザインモデルを用いてワークショップデザインを行っていることが確認されている。また、第 3 章・第 4 章から、実践者は難局にぶつかるなど様々な節目で新しいデザインモデルを見出すことがあり、中堅からベテランになるにつれ、複数のモデルを持って使い分けていることが示唆されている。さらに、ベテランは、自身の今まで使ってきたデザインモデルに対しても柔軟な姿勢をとることができる。

　デザインモデルは個人レベルの実践論の中の、主に「実践の技術」にあたると考えられる。参加者や周囲との関わり方を個別ケースとしてエピソードで伝えるのは時間もかかり難しいが、デザインモデルという形で抽象化された実践的技術は、他実践者にとって「実践的知識」ともなりうるだろう。デザインモデルが外化され共有されれば、初心者の育成だけでなく、中堅やベテランが後身を育成したり他者と協同で実践したりする場合においてもコミュニケーションを円滑にすることができる。また、社会的にも実践の構造やその意義を説明しやすくなり、結果、ワークショップやワークショップ実

践者の認知を向上させることにつながるだろう。

　第3章において、ベテランX、Yはワークショップデザインを行う際、まず「依頼背景」「依頼者側のコンセプト」「参加者の属性」「参加者の人数」「実施時間」「実施場所」「最終的なタスク」などに関して、「幅広い確認」を行っていた。さらに、「課題文の確認・解釈」から「コンセプトの決定」を経て「活動の流れのデザイン」をし、その後「タイムスケジュールのデザイン」と「細部のデザイン」を行っていくという流れに関して共通しており、かつ、手順に迷いがなかった。

　しかしながら、初心者はこのような過程で考えることができていなかった。この点について、初心者が通常の現場では「コンセプトの決定」の段階に関わることが少ないという問題が背景にあるのではないかと考えられる。初心者は、実践現場においてしばしば、周辺的に参与している。そのため、ベテランが「課題文の確認・解釈」から「コンセプトの決定」をし「活動の流れのデザイン」に向かう思考過程が言語化されない場合、その過程を共有できていないことがある。そのため、初心者は新規な条件で一からデザインを行わなくてはいけない場合、「コンセプトの決定」の段階における経験不足のため苦戦することがある。第3章の初心者A、Bは、どのような手順でワークショップデザインをするかという点において、ともにつまずいていたことからも、(1)確認すべきことは何かを理解していること、(2)デザインの手順の意識化すること、の2点が、ワークショップデザインの熟達化において、初心者後期から中堅に移行する際の鍵だと考えられる。

　ここで、ベテランの使用するデザインモデルについて、少し考察を加えてみたい。デザインモデルとは、「ワークショップのデザインにおいて、コンセプトを決定した後に使用しているなんらかの枠組み」のことを指す(第3章)。第3章では、ベテランXは「イタリアンミールモデル」、ベテランYは「マトリックス」というデザインモデルを使いながらデザインをしていたことを述べた。また、第4章のインタビューにおいて、デザインモデルの使用を慣習的に行っている実践者が多くいることを確認した。これらのデザインモデルは、第4章で確認したように、個人レベルの実践論を構築していく

中でできあがっていくものである。そのため、ベテランの使用している固有のデザインモデルを初心者が聞いても使いこなせないというケースが見られる。例えば、第 3 章の実験において初心者 A はベテラン X の使用している「イタリアンミールモデル」を知識として知ってはいたが、実際のデザイン過程においてそのモデルを使うことはなかった。

　初心者 A はベテラン X の使用しているデザインモデルを認識していたが、「私はちょっとそれは無理かな」と思いこのモデルを使用しなかったと述べている。一方、初心者 B は、ベテラン Y のデザインモデルについて知識としては知っていたが「ワークショップをつくる上でこういうことは考えられなかった」と述べている。それでは、初心者でも使用できるデザインモデルは存在しないのだろうか。第 4 章の知見からデザインモデルには 2 つの型があることが指摘できる。

デザインモデル I 型

　第 3 章のベテラン X、Y の使用したものに代表される、ワークショップそのものにおける活動の組み立てを示すデザインモデル。

デザインモデル II 型

　第 4 章の協力者 7、11 の指摘に代表される、どのような手順でワークショップデザインをするのかの手順を表すデザインプロセスモデル。

　デザインモデル I 型は個人レベルの実践論と密接に結びついているため、その価値観を共有しきれていない初心者がモデルのみ使用するのは困難である。

　しかしながら、デザインモデル II 型は、第 4 章の知見によれば、初心者後期から中堅期に移行する際に生み出されたものである。また、個人レベルの実践論との関連性よりも、依頼など実践すべき状況をどのように分析し把握していくかという、課題表象モデルの色彩が強い。

　例として第 4 章のインタビュー協力者 11 の 3 年目についての事例がある。

協力者 11 は、この事例において自分で状況分析のための表を作成してい
る。それは、通常よく行っている実践と新しい依頼との差を考えるための比
較を助ける表である。その項目を埋めることで分析しながらワークショップ
デザインを行った。協力者 11 はこの事例をデザインの仕方の変容の契機と
なったと指摘している。この経験によって、デザインの手順に関する定型が
意識化できたと考えられる。

　ベテランの使用するデザインモデルⅠ型ではなく、中堅が獲得したデザイ
ンモデルⅡ型であれば、初心者にとっても理解がしやすいのではないだろう
か。この手順モデルを予め教えておくことが、何らかの初心者支援となると
考えられる。

5.2.3　自己の経験に対する内省の促進

　実践者が属している集団によって人材育成の在り方にも違いがあるため、
今後はその差を埋めていく方法論も必要となるだろう。

　ワークショップ実践者の場合、学生時代から学び、徒弟的に参入する以外
に、異分野からの参入者も多いことが特徴である。単純に実践年数の差だけ
ではなく、実践の中でどのような役割を経験しているのかによっても意識す
る専門性に差があることが推察される。デザインにおける熟達や実践者育成
支援を考える際にも、参入の軌跡の違いを考慮に入れることが望ましい。

　ワークショップ実践者の中には、(1)大学・大学院等を終えた後に実践者
になるパタンと、(2)他職業を経て実践者になるパタンの 2 つがある。ここ
では、(1)をストレート型、(2)を移行型、と命名する。さらに、移行型に関
して、実践を始める契機となった「学びの原風景」に関する契機について論
じる。

契機は「教えること」

　教育現場に立つことがワークショップデザインを始めた契機となった、
「移行型」の実践者がいる。

　インタビュー調査協力者 12 はプロダクトデザイナーである。美術大学で

講師をするという仕事をする際、「教える」ことそのものについて考え、ワークショップへ関心を持ったという。また、インタビュー調査協力者 13 も、大学で講義方法を検討する中で、ワークショップに辿り着いたという。

　インタビュー調査協力者 12、インタビュー調査協力者 13 ともに、「悩む」という表現を用いている。この両者には、従来の講義形式に対する違和感をどのように克服するかという苦悩・模索の過程でワークショップという手法に辿り着いた、という共通の経緯がある。

契機は「探求すること」

　「移行型」におけるもう 1 つのパタンとして、「学びの原風景」に研究や創作活動を挙げる実践者がいる。探求には決まった答えはない。その思考プロセスが、ワークショップデザインを始める上での契機となっているというのである。これに該当する事例としては、民俗学の研究でフィールドワークを行っていたインタビュー調査協力者 1 がある。類例として、創作活動からの「移行」（例：第 4 章　インタビュー調査協力者 15）の事例もある。自分が創りたいものは何かについて考え模索する営みも、ワークショップデザインの契機となっていることがある。すなわち、「実践的知識」となっていると考えられる。

　移行型に共通するのは、「なぜ私はワークショップをするのか（しているのか）」に対する内省である。他の方法を経験しているからこそ、「ワークショップならではのデザイン」にこだわりを持ち、実践の内省をするという特徴がある。

　移行型特有の内省と葛藤こそが、後進の育成、実践者同士をつなぐフォーラムの企画や、実践者以外への説明欲求などに強く結びついていると考えられる。このように、ストレート型とは異なった欲求、葛藤、課題を移行型の実践者が抱えていることについては、ワークショップ実践者の熟達化モデルを検討する上で留意が必要であろう。

契機は「気になる対象者」との出会い

　また、実践の中で「気になる対象者」との関わりを持ったことで、内省が深まるという事例も多く見られた（例：第4章　インタビュー調査協力者7、第4章　インタビュー調査協力者10、第4章　インタビュー調査協力者6）。このような経験は、ワークショップ実践のキャリアを始める前か、後かに限らず、デザインの熟達において、重要な内省の契機となっていることが推察された。ワークショップ実践前の経験でも、印象に残った学習経験は、「ワークショップ実践者の実践的知識」となって、デザインに反映されているのである。

　協力者10が、ワークショップ実践を始める前、教員として知的障害児に関わった事例からは、ワークショップ実践を始める前の経験とそこでの気づきが、その後のワークショップデザインにも大きな関わりを持ってくることが示唆される。

　第4章でのキャリアヒストリーのインタビューを概観すると、なぜワークショップという方法を選択するようになったのか、その実践へ向かう想いが様々であることが推察される。だが、そこには、共通する思想として、「『教える』『教わる』という関係への問い直し」があるように思われる。答えのない問いに対して、どのようにアプローチするかを考える中で、既存の手法との葛藤からワークショップを選択する実践者も多い。それが移行型である。

　保育者の研究では、現場での幼児理解方略を解明する知見[1]がある。また、横山（2004）は、吉村・田中（2003）のように保育者の語りに限定せず、寧ろ「語らない場合」も含め、保育者が子どもをどのように理解したうえで子どもの関係を構築しているのかについて、観察・調査を行い、その中から保育者の専門性について考察することを試みている。さらに、保育の知識・技術を養成課程に教授するだけでは不十分であるため、就業後、幼児理解方略を現場の同僚と共有できる仕組みを提供する試み[2]もされている。

　ワークショップにおいては対象が子どもとは限らない。だが、吉村・田中（2003）、横山（2004）が保育者の専門性として指摘する「対象との関わりの

中で対象を理解すること」は、ワークショップ実践者にとっても専門性として重要であると考えられる。また、参加者が「語らない場合」も含めて理解をしていくために、観察・調査をするという姿勢も、第 2 章、第 4 章で確認されたワークショップ実践者の主張と符号するところがある。ワークショップ実践者の育成方法としても、ドキュメンテーションやエピソード記述を同僚と共有するという方法は参考になるだろう。

5.2.4　他実践者からの学習

　ワークショップ実践者の場合、実践のデザインにおいて他専門職との協働を迫られることが多々ある。他専門職との協働は、ワークショップ実践者のデザインにおける熟達において、鍵となると考えられる。

　専門職の専門性は、時に単独では十分に発揮されないことがある。子どもが入院する病棟における協働に関し、「保育士」と「看護師」の協働に関する問題にアプローチした知見がいくつかある。例えば、伊藤ら（2008）は、保育士が看護師に期待することは何かを調査した。深谷ら（2008）や、松尾ら（2008）も、保育士が専門性を発揮できないと感じる背景について検討している。

　他に、医師と看護師の協働の必要性とその困難さの解消に向けての知見も提出されている。山口ら（2005）は、医師と看護師の協働、それを妨げる看護師側の要因は何かについて、看護師がどのような認識を持っているか調査した。その結果、看護師は「専門性育成の困難」と「知識技術の不足」という問題点を挙げており、この問題点に対し改善を望んでいることを明らかにしている。

　ワークショップ実践者の場合も、実践のデザインにおいて、他専門職との協働を迫られることが多々ある。例えば、第 3 章の実験でのデザイン課題では、「おもちゃに関する展示」を企画する情報メディアセンターの担当者から依頼が来た、という設定になっている。ワークショップのデザインにおいて、このように他専門職者からの依頼を受けるということは頻繁にある（第 2 章、第 4 章）。よって、他専門職との協働は、ワークショップ実践者のデ

ザインにおける熟達において、鍵となると考えられる。

　創造的領域での熟達化に社会的サポートや社会的刺激が重要な刺激を示すという指摘（Bloom 1985）にも注目したい。ワークショップ実践は単独で行われるものではなく常に対象者をよく見て理解することが重要とされているからである。

　ワークショップ実践者は、対象との関わりの中で対象を理解していく。参加者が「語らない場合」も含めて理解をしていくために、観察・調査をするという姿勢も必要である。ワークショップ実践者の育成方法としても、ドキュメンテーションやエピソード記述によって、同僚と視点を共有するという方法は参考になる。

初心者はどこで学ぶのか

　インタビュー調査協力者９は、ワークショップについて、「大学に入った時には、なんかそういうことは学べないと思っていて」と回想している。しかし、その一方で、大学で履修した教職や学芸員資格関連の授業で刺激を受けたと感じている。ここで注目したいのは、授業を受けていた当時はその関連性には気づいていなかった、という点である。すなわち、初心者は「どこで学んだか」をオンタイムで認識できないのである。

ワークショップデザインの「教え」方

　協力者９はワークショップデザインを教える中で「暗黙の了解で伝わっていたことが伝わらなくて」難しいと感じた経験を持つ。しかし、ワークショップデザインを教えることに４年関わる中で、協力者９は、初心者に対し何を学んでほしいのかという目標（「自分のワークショップの考えをそこに置き換えられるようになってほしい」）ができるようになる。

　別のケースとしては、インタビュー調査協力者３（実践歴６年目）の事例がある。協力者３は、新しい実践者集団に移った際、「あるワークショップをそのまんまやる」という指導をされ、違和感を覚えていた。しかし、既存のプログラムのデザインに対し分析と解釈をし「もう完璧に、そのワーク

ショップをできるようになって」いくうちに、周囲に認められ、デザインに関与させてもらえるようになったという。

他人の実践から「見て学ぶ」

　協力者 3 は、他人の実践に積極的に参加したり見学したりして、学んだと述べている。好きなものや興味があるものに参加するというのではなく、「嫌いなりにも評価されてるっていうことは、やっぱりそれなりに技術があるから、それも盗もうと思って、行く」と述べていることから、あくまでも自身の成長のため、実践に関する学びを求めて、他者の実践に参加・見学していることがわかる。

　同様の指摘は第 2 章のインタビュー協力者 H、第 4 章のインタビュー協力者 4、7 などにも見られた。他人の実践に触れることの意義に関しては多くの実践者が感じているようだ。さらに、他人の実践に効率的に触れられる場やツールが必要だと感じ自ら企画する実践者もいた（例：第 4 章　インタビュー調査協力者 17）。このような取り組みに積極的なのは、現時点で実践歴の長いベテランである。これは、デザインにおける熟達化と関係しているというよりは、実践者が置かれた時代の問題が大きいのではないかと考えられる。これは第 4 章での知見には十分に反映できていない視座であるため、ここで触れておきたい。

　現在ベテランである実践者が初心者であった頃と現在初心者が置かれている状況は異なる。第 1 章でも言及したように、「ワークショップ」という手法自体が日本に紹介されたのは 70 年代だとされており、80 年代に実践を行っていた実践者にとって、他実践者との交流や意見交換は必須不可欠なものであった。それだけ実践者全体の総数が少なかったのである。勿論、系統だった育成プログラムなどなく、それどころか、外部からの十分な理解も得られない状況だったという。その当時に行われていたデザインの学習方法が、「他実践を見て学ぶ」であったと考えられる。

　90 年代になり、様々な実践者集団が新しい実践者の育成を集団単位で行うようになった。これが、実践共同体によるデザインの学習の時代である。

00 年代、実践者育成に関する様々な取り組みとその公開や、検討するための研究の勃興などがあった。すなわち、現在初心者の育成を考える場合、(1)他実践を見て学ぶ、(2)実践者集団で徒弟的に学ぶ、(3)学習プログラムにより学ぶ、という 3 つの方法を混成させることが可能であろうと考えられる。

5.2.5　専門家としてのアイデンティティの形成

　対人援助の専門職では、従来の専門職化を単独の職種の孤立した現象としてとらえる傾向が問題視されている。石橋(2006)は、専門職化による孤立という問題に対し、それぞれが抱え込むジレンマを十分に分析できなくなることを指摘している。さらに、対人援助という人間への全体的関与を特徴とする専門職は、自らの専門性を明確に示すことができないというジレンマが生じること、その理由について十分な検討がなされていないことを指摘する。

　加えて、福祉専門職は異分野からの参入者が多いことが領域特性の 1 つだと考えられる。鈴木(2005)は、異分野からの参入者に対するライフヒストリー研究を行い、職業的アイデンティティについて検討している。ワークショップ実践者は、明確な養成期・就業期の区別や、業務独占を許可する国家資格が存在しない。この状況は、福祉専門職においてかつて起きていた状況と類似していると考えられる。

　このような課題に対し、アメリカでは既に、「職業的アイデンティティ(Professional identity)」に注目した研究が 1970 年代から多く行われてきた。日本においても近年の看護教育では、職業的アイデンティティに着眼した研究が行われている[3]。ワークショップ初心者は将来の在り方に不安を感じ、今持っている専門性をも十分自覚できていない可能性がある。実践を始めたばかりの初心者の不安を軽減するため、職業的アイデンティティを育成することが有効であろう。

　宇都宮(2004)は、新人が現場で経験する様々な「危機」を専門性向上の糧にするために、スーパービジョンが必要性だとする。スーパービジョンとは、熟練した指導者(スーパーバイザー)が、事例の担当者であるソーシャル

ワーカーなどに、示唆や助言を与えながら行う教育のことで、主に福祉専門職や精神医学の現場で行われる方法である。初心者が専門家としてのアイデンティティを高めるために、中堅以上のワークショップ実践者は、「実践に対する信念」「実践的知識」「実践の技術」の 3 要素が融合された「個人レベルの実践論」を伝達していくことが必要である。

　ワークショップ実践者としてのキャリアが短い段階で違和感を覚える実践者がいるのも事実である。例えば、中堅の実践者が、かつて初心者だった頃のことを回顧し、「（ベテランの）扱い方がよくわからない、違うぞ昨日言ってたことと、とか思いながら焦ってたのをよく覚えてますけれども」（第 4 章インタビュー調査協力者 2 の発話より）と述べた事例がある。

　第 3 章で指摘したように、ベテランは活動のデザインを行う際に、コンセプトの立案を固めてから詳細のデザインに進めていくことが多い。実際のところ、コンセプトの立案自体が協同で行われるケースばかりではなく、初心者後期のスタッフが関わる可能性の高い「計画段階」とは「コンセプトをいかに活動におとすか」という部分にあたる。そのため、初心者後期スタッフは詳細に関するデザインの変更を直前もしくは当日に指示されることがある。

　また、初心者後期のスタッフは、実践者集団に周辺的な参加をしているため、往々にして中心的にデザインをするベテランと密なやりとりをする機会が得られないことも多い。このような事情が第 3 章でも述べた初心者特有の焦りや不安感につながっている可能性がある。

　当時美術大学の学生であったインタビュー調査協力者 9 も、実践歴 2 年目から 4 年目まで関わっていた実践集団に関して、ベテランが「責任」を持っており、自分には「責任がない」と表現している。また、ベテランである O が「なんかこれやろう」と決め、「指示を聞いて」その「中身を料理する」のが初心者後期の自分の役割であったことを述べている。

　一方、初心者後期特有の関わり方から、中堅になると責任を持つ立場に変わってくる。そうなるとベテランとのコミュニケーションも密になる。そこでデザインの意図について学ぶ機会が多く、不安や不満を持っていた葛藤期

を抜け出し、自信もつくようだ。ここで、「専門家としてのアイデンティティ」の芽生えがあったと考えられる。

中堅の特徴として、自分がベテランに「任された」ということによって得られる自信と満足感とともに、自分も人に「任せられるんだ」という意識が現れることが挙げられる。その結果、中堅はベテランのデザインにおける特徴の1つである「スタッフ育成に対する意識とデザイン力」を獲得していく。中堅の中で、他者との関係構築に対する積極性が増してくることは、実践集団においても重要な意味を持つ。どの実践集団にも中堅がいるわけではないが、中堅が仲介役となって初心者と密接に関わりながらベテランの語りを「翻訳」し伝えることができている集団では、初心者後期の不安・不満も少ないと考えられる。即ち、中堅は、しばしば集団内のコミュニケーションのハブとして機能する場合が多いのである。

実践歴10年でその前に教師経験も豊富であるインタビュー調査協力者10は、自身が率いるワークショップ実践者集団でのスタッフに関して、初心者の変化を次のように表現している。

協力者10も、丸3年経験すると「うまくなるっていうのも、なり方が全然かたちがこう、違う」と述べる。4年目までくると「自分の考えていることがどんどん出て来て、出せるようになって、伝えられるようになって、その場をつくる、かたちづくる要素になっていく」ので頼もしい、というベテランの主張は、ベテランが初心者に「任せられる」と感じるのがその頃であることを示しているのではないだろうか。

別の角度から新しい事例を見てみよう。第4章のインタビュー調査協力者6の発話からは、協力者6に対するベテランSの関わり方が変化してきたことが語られている。協力者6によれば、「ひよっこだったこの時（＝2年目）」は、自分は「動けなかったんで、何もできなかったんで」、ベテランであるSが仕切っていた。だが、実践歴5年目からKと協働デザインでワークショップを始めてからは、Sは協力者6に対し、「口ではほとんど一切、何も言わない」で見守るというスタンスに変化したという。この事例からも、初心者後期から中堅にかけての変化は、ベテランとの距離の取り方にも現れること

が推察される。

　スーパーバイザーがいることで全てが解決するわけではないことも、また意識せざるをえない問題である。福祉専門職に関し、上石(1994)は、基礎訓練を担当するスーパーバイザーの養成が急務とした上で、「スーパービジョン体制を通して育ってきたスーパーバイザーでなければ、真のスーパーバイザーになれないという重い宿題を背負っている」と述べている。この問題は、ワークショップ実践者の育成にとってもあてはまる。真のスーパーバイザーはどのようにすれば育てられるのか。これについては、ベテランも初心者や中堅とともに刺激を受けながら学び続けることができる学習環境をデザインすることによってしか、解決できない。

5.3　ワークショップ実践者育成に向けた提言

　第3章・第4章で行ったワークショップデザインにおける熟達化研究についての結果を近接領域での熟達化の知見と関連づけながら検討し、5.2 では、実践者育成に向けた課題として、**(1)個人レベルの実践論の構築**、**(2)デザインモデルの共有と伝達**、**(3)自己の学習経験に対する内省の促進**、**(4)他実践者からの学習**、**(5)専門家としてのアイデンティティの形成**、という5つの課題を導出した。5.3 では、この5つの課題を軸とし、ワークショップ実践者が学び育つための学習環境デザインに向け、総合的な提言を行う。

5.3.1　個人レベルの実践論の構築

　中堅以上の実践者は、初心者よりも多くの領域(アート教育、コミュニケーション、商品開発・サービス開発、まちづくり・地域づくり、発想力支援・創発支援など)のワークショップを経験している(第2章　2.3.2)。実践者のキャリアヒストリーからは、領域を越えて実践をすることで、その違いを通じて自身の実践のデザインを深く内省する機会となることや、協働する中で多様な視点を獲得することが明らかになった。このように、領域を越境して実践することで、実践者は現場を想像する力を身につけていることが伺える

（第 4 章）。また、中堅以上の実践者は、参加者、当日の運営スタッフ、企画者、コーディネーター等、初心者より多くの立場を経験している（第 2 章 2.3.2）。このような経験を通じ、現場の様子を多角的に捉えることができるようになっていると考えられる。このような複眼的視座はデザインをする際にも役だっている（第 3 章）。複数の領域の実践に関わることや、多くの立場を経験することで、立体的に状況を想像する力が身についていると考えられる。

　状況を想像するために必要なのが、「実践的知識」である。それに加え、「実践の技術」、「実践に対する信念」も含む「ワークショップ実践者の経験に由来した固有のものの見方、考え方」を「個人レベルの実践論」と呼ぶ。ワークショップデザインに熟達するためには、「実践的知識」、「実践の技術」、「実践に対する信念」3 つの要素をバランスよく獲得し、「個人レベルの実践論」を構築する必要がある。

　ワークショップ実践者として現場経験の少ない初心者であっても、学校教育やそのほかの場での学習経験を持っている。よって、そこから芽生えた何らかの「実践に対する信念」が存在し、それを核にしてワークショップデザインを行おうとする。「実践に対する信念」をワークショップデザインとして成立させるためには、3 つの要素がバランスよく組み合わさった「個人レベルの実践論」が構築されていることが必要である。だが、初心者の場合、ワークショップデザインをするために必要な「実践的知識」や「実践の技術」を十分に持っていない。そのためワークショップデザインをする際、実践の状況を想像する「実践的知識」や「実践の技術」が不足しており、しばしば不安を感じている。このような不安を抱えた状態では、「専門家としてのアイデンティティ」も揺らぎやすいと考えられる。

　中堅やベテランも全ての実践において、予測が最初から立てられるわけではない。デザインにおいては、適宜保留をしながら進めていくのである（第 3 章）。保留する場合に、どうしてそこを保留にしたかについての理由がはっきりあるというのが熟達者の特徴である。推測の根拠には、それまでの実践経験が「実践的知識」として蓄えられていることが寄与していると考えられ

る。

　また、熟達者は、自身の実践経験以外からも「実践的知識」を獲得できる「実践の技術」を持っている。例えば、新規の依頼などに対応する場合、経験の少なさを補うため、中堅やベテランは外部から必要な情報を収集することに対して積極的である（第 2 章、第 4 章）。情報収集の方法は、現場の観察やプレ実践、周囲への聞き込み、文献やインターネットを使った調査など、多岐に渡り、このような情報収集過程を「調査」「研究」と呼ぶ実践者もいる。また、第 4 章・本章でも指摘したように、自分とは異なった「個人レベルの実践論」を持つ実践者と協同でワークショップデザインに取り組むことで、自身の「実践的知識」の幅を拡げる実践者もいる。この、他者と協同でデザインするというアプローチも「実践の技術」の 1 つである。

　つまり、熟達者は自身のワークショップに対する経験からだけでなく、状況を想像するための探索方法を複数知っており、それらと総合して「個人レベルの実践論」を築いていくのである。このような情報収集・情報探索、協同デザインなどの方法は「実践の技術」であり、このバリエーションを多く持っていることが、ワークショップ実践者にとって重要な専門性であると考えられる。

　それでは、このような経験を持たない初心者に対して、どのような支援が可能だろうか。もちろん、これまで述べてきたように、(1)領域を越えた実践を経験する、(2)複数の立場を経験する、というようなことも有効だろう。

　しかしながら、これらの経験を積むにはある程度の時間が不可欠となる。そこで、初心者を支援する上ですぐに取り組めることをいくつか挙げたい。

　まず 1 つ目として、実践への参加、見学である。特に中堅の実践者には、実践者としてのキャリアを進めていく中で、自身のワークショップデザインと平行してこのような経験を積極的に取り入れている傾向が伺えた（第 2 章）。このような他実践を外側から見る経験によって、実践を俯瞰する視座が手に入ると考えられる。自身がデザインする際、リアリティを持って状況を捉えデザインに臨むために重要ではないだろうか。他に、直接体験ではないが、他者の実践記録に触れるということも有効ではないかと考えられる。

　次に、情報収集である。中堅以上の実践者には、不慣れな状況での依頼などをうけた場合など、状況の想像が難しいという問題に直面した経験がある場合は多い。その壁を乗り越えた実践者に共通していることとして、徹底した情報収集を行ったということがある。まずは初心者に、デザインをする上で情報収集が重要であるということを知ってもらう必要がある。

　さらに、情報収集のベースになってくるのが、自身の実践経験を振り返り整理する力である。中堅以上では、自身の実践経験の中に類例がない場合、様々なリソースにあたって情報収集をしている事例が多くあった。これは裏を返せば、過去に行った自身の実践の特徴をよく理解できているからこそ、新しく必要な情報は何かがわかるということである。

　これらを総合すると、初心者に対し、状況の想像を促すために必要な支援としては、(1)他者の実践への見学等の支援、(2)新しい情報を収集する支援、(3)過去の実践経験を内省し情報整理する支援、の3つが必要であると考えられる。

　(1)に関しては、積極的な相互受け容れ、実践者同士の情報共有・交換のためのインフラ整備によって解決を目指すべきだろう。これに加えて、シミュレーションやロールプレーができるような機会があっても良いだろう。他専門職での養成では、実習型の学習プログラムが多く導入されている。参加者としてではない見学に加え、役割の交換や他の実践者集団との交流も課題である。

　(2)に関しては、どこに必要な情報がありそうかを知る支援が有効である。例えば、参加者の情報、主催者や依頼主の情報、物理的な制約がどの程度あるのかなどは、適切な人に聞くことで情報を得られるだろう。どのような人に聞けばよいのかは初心者にとっては難しい問題である。この部分について助言をできるような体制があれば良いと考えられる。また、参加者の特性については文献や過去の他実践を検討することも参考になる。これらの資料にアクセスする方法も、助言者がいることによってより容易くなるであろう。

　(3)については、現状の把握ができるようなチャート式のワークシートな

どを用意するなどが有効ではないかと考えられる。さらに、それにそったカウンセリングをすることでより適切な学習支援ができるだろう。

5.3.2　デザインモデルの可視化と共有

　初心者はデザインに対して、断片的なアイデアを出し、それをかたちにしようとする傾向がある。しかし、ベテランは、デザインをする際の手順や明確な視点、基準を持っていることが伺えた（第 3 章）。ベテランの持つこのような手順や視点、基準は、実践経験から熟成されたものであることは明らかになっている（第 4 章）。活動の中心となる魅力的な課題とはどのようなものか、については、創発的な部分もあり、その基礎には経験の引き出しが必要になってくるだろう。

　しかし、着想したアイデアからプログラムのデザインへどのように昇華させるかということについては、論理的な思考過程を踏んでいることも推察されている。

　実践者は、どのようなキャリアを過ごしてきたかに関わらず、経験の引き出しを多かれ少なかれ複数持っている。アイデアを探索する手順のみならず、活動を組み立てていく視点は中堅・ベテランに共通のものも多かった。これらはまとめて、一部の実践者の間でデザインモデルと呼ばれている。

　重要になるのは、自身のキャリアヒストリーの中にあるエピソードを相対化し、その中からアイデアを探索することであろう。キャリアがスタートしてから、現職を支援する特定の養成体制がないため、内省を自分の中で行うこと、内省がしやすい状況をつくりだすことなど、自己学習力が必要となってくる。このような後進の育成および自身の自己学習における土台となるのがデザインモデルであると考えられる。デザインモデルは 1 つ持つだけではなくできれば複数持ち、場合によって使い分けたり組み合わせたりすると良い。

　また、デザインモデルについて自分だけが理解できるというよりはその使い方も含めて自身のデザイン過程を他人に説明できるということで、他の実践者にも実践を手伝ってもらいやすくなる。例えば、コンセプトワークの段

階から携わっていない初心者にもよそごと意識を持たずに実践に参画してもらいやすいのだ。

　さらに、デザインモデルを使って自身の実践を説明することができれば、実施前の企画段階、もしくは終了後の報告どちらにおいても、実践者以外の外部に受け容れられやすくなるだろう。すなわち、自分のデザインモデルを持ち、かつそれを他者に説明できることは、ワークショップ実践者の専門性の1つなのである。

　ベテランの思考過程は開示されることが頻繁にあり、周囲のスタッフは推測しながら実践中にフォローをしている。しかし、このコミュニケーションの齟齬がトラブルにつながる場合もある。ベテランから中堅へ、中堅から初心者へ、デザインの支柱となる考え方や物の見方を共有していくための仕掛けがあると良いのではないだろうか。デザインモデルの公開や共有はその1つだが、モデル単独ではどのように使えばよいのか理解しにくいので、そのモデルがどのようにできたかという背景となったエピソードを含めるかたちで伝承されるのが望ましい。

　教師支援においては、エピソードを貯めて共有するというシステムの開発と評価の知見がある（中原ら 2000）。養成機関や講座などを設置し、座学でデザインモデルを教授するといった方法では、他者のデザインモデルは実践的知識として伝達されがたい。実践者間での共有と議論のできる環境の構築をすることや、他者のデザインしたワークショップに参加または見学する等した後にデザインモデルの解説を受ける、といった体験型の学習プログラムの立案が効果的であると考える。

　ワークショップ実践者の場合、ロールモデルとなる実践者や、スーパーバイザーとして実践の相談に乗ってくれる者が身近にいることは重要である。初心者支援のために、初心者と中堅・ベテランの間のコミュニケーションをどのように支援するかということは、ワークショップ実践者の育成においても課題となるだろう。その際、個々の実践者がいかにワークショップをデザインしているかについてデザインモデルという形で外化・共有し、他者へ伝達することは重要だ。

5.3.3　学びの原風景に対する内省の支援

　授業づくりに関する理論化の重要性に関して、佐藤(1990)は「実践の理論化」(theory through practice)という概念を提示している。これは「理論の実践化」(theory into practice)の対比概念であり、「実践的知識」(practical knowledge)を形成するものとされている。藤原・遠藤・松崎(2006)は、教師の実践的知識が、個人的来歴や信念と深く関連することを指摘している。ほぼ全ての人が教職生活の開始以前に非常に長い被教育経験を持ち、授業について「よく知っている」。(Hammerness et al. 2005；Lortie 1975)「観察による徒弟制」のために、教師としての学習に先立って強固な授業イメージが形成されており(秋田 1996)、特に教員養成課程で課題となる。

　教師は言葉の上で獲得した知識を容易に実践化できない(Hammerness et al. 2005；Kennedy 1999)。その理由として、多くの学習者へ同時に対応しなければならないという授業の状況の複雑さなどが考えられる。「教師らしく考える(think like a teacher)」だけではなく、言葉の上で獲得した知識を複雑な状況で実践する中で、実践的知識が形成されると言われている。

　ワークショップ実践者においても、個人レベルの実践論構築に向けて、実践的知識の蓄積と活用が課題となる。ただ、ワークショップ実践者の場合、デザインに必要な知識が多くあるというよりは寧ろ、実践者がそれまで歩んできた道のり、即ちキャリアヒストリーの中から、いかにワークショップデザインに結びつけていけるか、というところが専門性となってくるのではないだろうか。

　ここでの「ヒストリー」という言葉は 2 つのことを意味している。1 つには、ワークショップ実践者としての実践歴のことである。実践歴を経る中で必要に応じた実践的知識を持つということである。仕事の経験によって実践的知識を得るというのは、教師や看護師などの他専門職の知見とも類似している。

　もう 1 つは、自身の学習経験のことである。仕事をやりながら知ることもあるのだが、ワークショップデザインの場合、デザインの核として、自身の学習経験のヒストリーが要になってくるのである。ワークショップ実践者

は、自身の学習経験を学びの原風景として抱き、ワークショップデザインに反映させる傾向がある（第3章、第4章）。自分が経験した「こんな学びが楽しかった」「こんな気づきがあって自分は良かった」などという想いが、単なる過去の記憶としてではなく、自身の実践的知識として生かされてくることによって、より多層かつ芯のしっかりしたデザインができてくる。自身の学習経験のヒストリーをいかに内省し実践的知識として昇華させるかという点は、学びの場のデザインに関わる専門職特有の専門性として検討すべき内容である。

　ワークショップデザインを進めていく際、自身の持つ既有知識をどの程度デザインに生かせるかも課題となる。ベテランはワークショップ実践を組み立てる上で最低限必要な要素は何かについて明確な指針を持っている（第3章）。それと同時に、その指針を支える個人レベルの実践論も持っている（第3章、第4章）。例えば、中堅以上の実践者は、ワークショップとは何かということに対しても、自分なりの意見をはっきり持っている（第2章）。

　デザインをする際、参加者、時間、場所など、どのような要素を検討する必要があるかを網羅的かつ明確に意識していることは重要だ。ベテランには、依頼された案件に対してワークショップデザインを行う際に幅広く確認を行うという共通意識があることも明らかになっている（第3章）。初心者にはまずその知識を伝達すると良いのだろう。このような実践的知識の重要性については、教師研究で以前から知見の蓄積がある。どのように知識伝達を行うかについて参考になるだろう。

　実践的知識が大切であることは言うまでもないが、それに加えて、その他にも、初心者や中堅にとって重要になってくるのが、自己のキャリアヒストリーへの見つめ直しである。実践者がワークショップデザインを行う上で核となるのは個人レベルの実践論である（第3章、第4章）。個人レベルの実践論をいかに構築していくかを考える際、鍵となるのが、学びの原風景と実践への内省だと考えられる。言い換えると、「私はなぜワークショップをデザインするのか」と、「私はなぜワークショップをデザインしたのか」である。ワークショップデザインにおいて最初のアイデアの核がどのように生まれる

のかに迫ることは本研究では十分にできなかったが、中堅以上の実践者から
は、日常生活、過去の経験の中でヒントとなりそうなことを蓄え、その引き
出しからアイデアを出しているといった表現がいくつか見られた（第 2 章、
第 4 章）。

　ワークショップデザイン過程でも、具体的な経験がいくつも想起される様
子が確認できている（第 3 章）。個人レベルの実践論構築を促すためにも、こ
の部分について思考が深耕するような仕掛けが必要である。例えば、実践者
が相互に自身の実践の核となる体験についてインタビューしあうようなプロ
グラムを用意するなどしても良いかもしれない。

5.3.4　実践者のネットワーク形成とその拡張

　まず、ワークショップ実践者が、実践者同士での学び合いについてポジ
ティブな感情を持てるように支援することが重要である。

　教師研究においては、同僚性が教師の力量形成に深く関わっていることが
指摘されている（木原 2004）。さらに、先輩教師のメンタリングが初任教師
の視点を補っていることを示す研究もある（岩川 1994；中谷 2007）。ただ、
メンタリングにはメンターの能力により、メンタリングの成果が左右される
という指摘があり（Evertson & Smithey 2000；Kennedy 1991）、その方法につ
いては注意深い検討が必要である。

　看護師の学びにおいては、先輩と初心者がペアになって学び合うというプ
リセプターシップというものがある。これは養成課程の実習では学びえな
かった、現実の問題に即した学習機会を提供していると考えられる。三輪ら
（2010）は、新卒看護師の職場適応に関連する要因の 1 つにプリセプターか
らの支援があったことを明らかにしている。こういった、現場での先輩から
の支援は、意識的に導入されている場合と、自然発生的に行われている場合
があるだろう。

　ワークショップ実践者の場合、明確な養成期間や統一された育成プログラ
ムはなく、実践に関わりながら学び熟達していくのが通例である。そのた
め、他専門職に比べると実践に関連する知識獲得の機会が少なくなりがちで

ある。しかしながら、熟達化研究をすすめる中で、ワークショップ実践者同士、もしくは関連する他領域の専門家との協働から学びを得る事例が多いことが明らかになった（第4章）。「実践的知識」は、他実践者からの学習によっても獲得できる。また、他実践者と接することで内省が促され、自身の「個人レベルの実践論」が精錬されることにもつながる。よって、他者と協働で実践できることや実践者同士で円滑なコミュニケーションができることはワークショップ実践者が反省的実践者であるために必要な資質である。

ワークショップ実践者へのインタビュー（第4章）からは、他者との協働に対し最初は抵抗感や違和感があったと述べる事例が少なくない。内発的動機づけから協同デザインをしたりコミュニケーションをしたりするのではなく、同じ実践者集団における熟達者からの指示など、外発的動機づけによって他者と協同する場合も少なからずあるのである。しかしながら、協働することで他者から学ぶことを経験した実践者は、次からは率先して他者との交流を図るようになる。その結果、自己学習力が増していくという、実践者育成にとって良い循環に入っていく。

初心者の育成プログラムを考えるだけでなく、既に現場で活動する実践者同士の交流支援も課題であろう。お互いのデザインモデルを共有したり「個人レベルの実践論」について学んだりできる環境をつくっていく必要があると考えられる。

中堅以上、特にベテランに対してもワークショップデザインに関して協働すること自体へのハードルを下げるという支援が必要だ。協働することから学んだという事例が多くある一方で、自分から率先して他者との協働を行う実践者ばかりではない。特にベテランになると多忙を極めることもあり、他実践者とのデザイン部分における協働は少なくなる。

ここで、比較的フットワークの軽い中堅をハブにしたネットワーキングの可能性が出てくる。ベテラン同士が直接協働できなくとも、同じ実践者集団にいる中堅実践者が協働することで知識や情報に流動性が生まれる。中堅実践者は自身の個人レベルの実践論を構築していく中で実践者集団をいくつか移ることも少なくない（第4章）。このような人的な流動性によっても、さら

なる刺激が生まれる。現在はこの動きは自然発生的なものであるが、今後は実践者の短期的な移動（例えば内地留学のような）といった流動性を高めるための仕組みを意図的に用意することで、中堅以降のワークショップデザインへの熟達化を促進できるのではないだろうか。

さらに、今後は、ワークショップ実践者のネットワークはゆるやかに拡張されることが望ましい。すなわちワークショップ実践者がそれ以外の専門家と協働する機会も必要であろう。他専門職の研究では、対象に対して複数の専門家が関わる事例がある。例えば、入院中の小児患者に対し、医療チームと保育チームが連携するといったものである。双方がお互いの領分をわきまえつつも意識しあっていく中でそれぞれの専門性がより明確に意識されるということがあるだろう。ワークショップ実践者の場合も、近接領域の専門家との積極的な協働が課題である。今後、この協働に向けて障壁となっているものは何かを検討するとともに、その障壁を少しでも取り除くような試みも行っていく必要があるだろう。

5.3.5　専門性に対する社会的認知の向上

実践を開始した時期に特徴的な傾向として、自分の実践ではなく他人の実践を手伝っているのだという意識を持っている点がある。これはワークショップデザインが開始された段階におらず、後から周辺的に参入した実践者に多く見られる。例えば、それは「お客さん的な意識」（第 4 章のインタビュー協力者 2）という言葉に象徴される。このような初心者における当事者意識の低さは、他職業における熟達化研究では見られにくく、ワークショップ実践者特有であると考えられる。これを「よそごと意識」と名付ける。

現場経験の少ない初心者は、当日の運営のみに関わっていることが多い。そのため、ワークショップデザインを表層的に捉えている場合があり、様々な問題を引き起こすことがある。これは、ベテランが実践のねらいや目的をスタッフである初心者に伝えきれていないことに起因する場合が多い。

ワークショップ実践者の場合、困難に出合った場合、その出来事をきちん

と「危機的である（critical）」と認識できるかは、熟達においても重要な分岐になってくると考えられる。実践に身を置くのにもかかわらず「よそごと意識」を持っていると、内省は起きにくくなり、ワークショップデザインに必要な基本的知識や技術も身につきにくいだろう。初心者がいかに自身の直面する実践に対し、責任を持てるか、その感覚の醸成こそが初心者の課題だ。

　「よそごと意識」を克服するために着眼したいのが、職業的アイデンティティ（Professional identity）という概念である。職業的アイデンティティの形成とその育成に関しては、看護師、保育士など様々な専門職に関して知見がある。看護実習など、養成課程での現場体験とその前後のフォローアップを通じて、就職後のリアリティショックを防ぐという視座は、ワークショップ実践者の育成においても検討すべき課題であろう。ワークショップ実践者は、明確な養成期・就業期の区別や、業務独占を許可する国家資格が存在しない。そのためワークショップ初心者は将来の在り方に不安を感じ、今持っている専門性をも十分自覚できていない可能性がある。ワークショップ実践を始めたばかりの初心者の不安を軽減するため、職業的アイデンティティを育成することが有効であろう。また、教師の職業的アイデンティティについて「バーンアウト」との関連で論じた知見（溝口・辻河 2009）も、初心者のみならず、中堅以上のワークショップ実践者における支援を考える上でも参考になるだろう。

　初心者が職業的アイデンティティを高めるために、中堅以上のワークショップ実践者は、「実践に対する信念」「実践的知識」「実践の技術」の3要素が融合された「個人レベルの実践論」を伝達していくことが必要である。

　ワークショップ実践者の育成に関しては、近年でも、ワークショップデザイナー育成プログラム（文部科学省社会人の学び直しニーズ対応教育推進プログラム事業）やCAMPファシリテーター研修、世田谷パブリックシアターでの育成実践、川口メディアセブンでのワークショップアカデミーなど多くの事例がある。

　しかし、これまでワークショップ実践者の実態に関してはブラックボックス化しており、これらの育成事例を横断するような育成指針は提示されて来

なかった。一方、ワークショップ論は国内外において様々に展開されているが(e.g. Fleming 1997 ; 片岡 2007)、実践者個人の経験に基づく議論に偏っており、実証的な研究はいまだ不足しているのが現状である。

　熟達化の知見や実践者の育成現場における課題や必要とされる専門性についての調査知見など、実証的なデータに基づき実践者育成に向けた汎用性のあるモデルの開発を目指すことが必要だ。育成モデルが検討され、養成方法が整備されてくるということが、社会的にその専門性が認知されることにもつながる。

　今後は実証的なデータによるワークショップ実践者の熟達化の検討とその結果にもとづいたワークショップ実践者の育成方法の提案が必要である。ワークショップは特に社会教育の手法として期待が大きく(片岡 2007)、人材育成方法の確立と職業意識の向上は社会教育の充実にも資すると考えられる。

5.4　本研究の総括

　ここまで、ワークショップ実践者に求められる専門性と、ワークショップ実践者育成のための環境について考えてきた。その関係をまとめたのが表5.1 ワークショップ実践者育成に向けた具体的な学習環境デザインの指針、図 5.5 ワークショップ実践者育成のモデルである。

188

表 5.1　ワークショップ実践者育成に向けた具体的な学習環境デザインの指針

実践者育成のための提言	学習環境の具体的なデザイン指針
個人レベルの実践論の構築	1）ジャンルを越えた実践経験 2）複数の立場の経験 3）他者の実践への見学支援 4）新しい情報の収集支援 5）過去の実践経験を内省し情報整理する支援
デザインモデルの可視化と共有	1）実践者間での共有と議論のできる環境の構築 2）デザインモデルがどのようにできたかの背景も伝承されうる体験型の学習プログラムの立案
学びの原風景に対する内省の支援	1）ワークショップデザインに必要な実践的知識の伝達 2）学びの原風景と実践への内省を促すプログラムの用意
実践者ネットワークの育成とその拡張	1）他実践者集団から移動してきた実践者への着眼 2）中堅以上を対象とした実践者の流動性を高める仕組みづくり 3）他専門職との協働を妨げている原因の検討と協働を促進する取り組みの導入
専門性に対する社会的認知の向上	1）実践者育成方法の整備・確立 2）専門家としての意識の向上

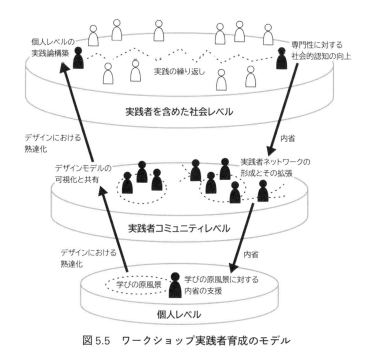

図5.5 ワークショップ実践者育成のモデル

ワークショップ実践者を育成するために必要なことは

(1) 個人レベルの実践論構築
(2) デザインモデルの可視化と共有
(3) 学びの原風景に対する内省の支援
(4) 実践者ネットワークの形成とその拡張
(5) 専門性に対する社会的認知の向上

の5項目であると考えられる。

　これは、個人レベル(ミクロレベル)、実践者コミュニティレベル(メゾレベル)、実践者を含めた社会レベル(マクロレベル)、の三層から、ワークショップ実践者の学習環境デザインを考えるという提案である。ここでは、ワークショップデザインにおける熟達化の段階に応じた育成支援が要となる

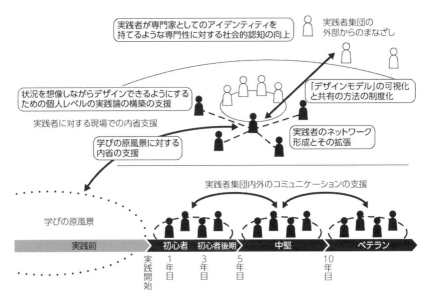

図 5.6　ワークショップデザインの熟達と育成支援

（図 5.6）。

　ワークショップ実践者の育成に向け、今後は実践者が同質性を越えた協働を通じ学び合える環境の構築が必要となるだろう。

注

1　例えば、吉村・田中（2003）によって、「保育者の専門性」を「保育者の具体的な語りの事例を通して、幼児の生活への無限定的なかかわりを本務とする保育者の幼児理解の仕方を解明する」ことを目的とした研究が行われている。

2　中坪（2010）は、ドキュメンテーションやエピソード記述を活用することによって園内研修や職員会議の場で保育者同士の実践的思考を共有できると述べている。これらの活動はリフレクションを促し保育者育成につながっていると考えられる。

3　例えば、パリダら（2006）は、看護短大 3 年生 82 名に対し、職業的アイデンティティの形成に配慮した看護実習の直前指導を実施している。この他、職業的アイデンティティを育てる教育方法の検討を目指し、教師からのメッセージが学生の職業的アイデンティティに及ぼす影響に関して検討した研究（落合ら 2003）や、エキスパート・モデルの授業が、看護学生の自己効力感、評価懸念および職業的アイデンティティに及ぼす影響を検討した研究（落合ら 2006）などもある。

第6章　ワークショップデザインと実践者育成のアクションリサーチ

第6章の概要

　第5章ではこれまで行ってきた実証研究の結論としてワークショップ実践者育成に関する課題と提言を行った。

　第6章では、具体的なワークショップデザインと実践者育成のアクションリサーチ研究を紹介する。本研究は東京都日野市にある百草団地ふれあいサロンを中心に行ったものである。

　本研究の目的は、百草団地住民である高齢者の学習ニーズを明らかにし，ワークショップをデザインすることであった。(1)対話による学習ニーズ探索のフェーズ、(2)学習ニーズ別のワークショップ企画のフェーズ、を通じ2014年から2020年に渡って実践を行った。その結果、団地の核となる百草ふれあいサロンのステイクホルダーが自主的に課題を発見しワークショップがデザインできるようになり、ステイクホルダーが地域から大学にも来訪するようになるという成果が得られた。この研究は森(2020)を元に一部改稿を加えたものである。

6.1　アクションリサーチの背景

6.1.1　超高齢社会と学習環境

　日本では世界でも類を見ない超高齢化が進んでいる。このような状況下、個人の加齢や社会の高齢化といった「エイジング」に関する諸問題は、生涯学習の問題として捉えられる必要がある(森ら2017)。

　高齢者研究においてはサクセスフル・エイジング（Successful Aging）の達成が重要な目標の1つとされている。サクセスフル・エイジングの理念は、(1)病気・障害の回避、(2)高い認知・身体機能、(3)人生への積極的関与、が構成要素とされている（Rowe & Kahn 1997）。サクセスフル・エイジングにおける人生への積極的関与とは、教育学的観点で捉えれば、主体的に学ぶ高齢者像とも捉え直すことができる。

　高齢期に限らず、成人学習の多くが学校教育システムの外側にあることは複数の文献で指摘されている（e.g. The Life Center 2007; 山内 2013）。学校外での学習に着眼する流れは、2000年代から学習科学の文脈で起きてきている（山内 2013）。

　学校内外の教育を整理する枠組みとして有用なのがOECD（2011）の区分（はじめに、図0.1参照）である。OECD は、学習を、「フォーマルな学習（Formal Learning）」、「ノンフォーマル学習（Nonformal Learning）」、「インフォーマル学習（Informal Learning）」の3つに分類している。

　フォーマルな学習とは、図0.1 にあるように組織化され構造化された環境において生起するもので、目標設定・時間・リソースの観点から明確に設計されているものと定義される（OECD 2011）。学校教育はこれに分類される。

　一方、インフォーマル学習は、「仕事、家庭生活、余暇に関連した日常の活動の結果としての学習」と定義されている（OECD 2011）。例えば、日常会話の中で友達と話していて考えることや、旅行中の気づきはインフォーマル学習ということになる。さらに、フォーマルな学習とインフォーマル学習の間に、グラディエーション状で存在するのがノンフォーマル学習である。OECD（2011）はノンフォーマル学習を「学習（学習目標、学習時間、もしくは学習支援の観点から）としては明瞭にデザインされていないが、計画された活動に埋め込まれた学習」と定義する。

　一般に学習はフォーマルな学習、学校教育の枠組みで理解される。学校教育で中心的な知識獲得を重視する学習観は教育研究では獲得メタファーで捉えられる（Sfard 1998）。このような「獲得」の学習は個人的営みとして理解されるが、教育研究では学習を個人的営みだけではなく、共同体における社

会的な関わりや、その共同体の中に存在する様々なものとの相互作用を含め
て生じる過程、あるいはその文化をつくりだす共同体のメンバーになってい
く過程（美馬 2009）として理解する考え方もある。このような学習観は参加
メタファーで捉えられる（Sfard 1998）。

　インフォーマル学習／ノンフォーマル学習ではそのような社会的な関わり
や相互作用に埋め込まれた学習が重要となる。高齢期の学習において、イン
フォーマル学習／ノンフォーマル学習の環境を整えていくことが、充実した
生涯学習社会として重要になるだろう。本研究では、高齢者のノンフォーマ
ル学習環境としてワークショップに焦点を当てる。なお，本研究では高齢者
とは 65 歳以上を指す。

6.1.2　高齢期の教育的ニーズ・学習ニーズに関する先行研究

　高齢者の学習ニーズに関してどのような先行研究があるだろうか。アメリ
カの教育学者マルカム・ノールズはアンドラゴジー（andragogy）を大人（成熟
しつつある人間）が学ぶのを援助する技術と科学、と定義し、それまでの「教
えることの技術と科学」と定義されたペダゴジー（pedagogy）と分けて考える
ことを提唱した（Knowles 1980=2002）。また、Knowles（1980=2002）は成人学
習者の特性を生かし、自己決定的に学習活動を進めていく必要を論じた。

　さらに、高齢者の学習を考えていく際手がかりになるのは老年教育学
（educational gerontology）である。高齢期の教育的ニーズについては老年学
者・教育学者ハワード・マクラスキーが高齢者特有の教育的ニーズ論を紹介
している。マクラスキーの教育的ニーズとは、（1）対処的ニーズ（高齢期のパ
ワーの低下に対処すること）、（2）表現的ニーズ（活動それ自体の中に見いだ
される喜びのニーズ）、（3）貢献的ニーズ（他者や地域のために役に立つ活動
に参加しこれに貢献することで認められたいというニーズ）、（4）影響的ニー
ズ（自分の生活環境により大きな影響力を与えたいというニーズ）、（5）超越
的ニーズ（身体的パワーや余命の減少という制約を乗り越えたいというニー
ズ）、という 5 つを指す（McClusky 1974）。また、Lowy & O'Connor（1986=
1995）はマクラスキーの教育的ニーズに加えて回顧（contemplative）へのニー

ズも挙げている。これに対して堀(2010)は、回顧ニーズが高齢期特有の発達課題だと指摘し、回想法やライフ・レヴューの名称で看護・福祉・リハビリテーションなどの領域で行われるセラピー手法として実装されていると述べている。

　一方、教育する側の視点ではなく学習者の側に立つ先行研究もある。Sharan & Lumsden(1985)は、教育的ニーズと欲求を区別する立場を取り、高齢者のニーズと関心両方に基づいて何がより重要か、教育する前に評価することが重要だと主張している。また、森ら(2017)は学び続けるエイジングを「ラーニングフルエイジング」と名付け、先行研究の整理から超高齢社会において主体的に生きるための学習課題(本論文で言う学習ニーズと同義)として、(1)ヘルスリテラシー、(2)住まい方、(3)働き方、(4)死との向き合い方、という4つを仮説として挙げ、中核には知的好奇心があると指摘している。

6.2　本研究の目的

　本研究では、教育する側の視点ではなく学習者の側に立ち、高齢者の学習関心や学習欲求を高齢者の「学習ニーズ」と定義し、教育的ニーズとは分けて考える。そこで、参加メタファーで捉えられる学習観に立ち、参加への欲求、発話への欲求も学習ニーズとして捉える立場を本研究ではとる。

　仮説的である「ラーニングフルエイジング」の学習課題(森ら 2017)をもとにしながら、学習ニーズがどこにあるのか研究者と高齢者自身が協働で探索するために、高齢者も参画する研究方法で明らかにする。

　本研究の目的は、フィールドに即して高齢者の学習ニーズを明らかにし、ノンフォーマル学習環境をデザインすることである。高齢期は居住地域で終日の殆どを過ごす人が多く、地域密着人口とも呼ばれる(広井 2009)。高齢者のノンフォーマル学習環境、ワークショップデザインを考える際、地域という視点は欠かせないはずである。そこで、選定した地域との6年に渡る関係性の中で本研究を行った。

6.3　方法

6.3.1　調査概要

　本研究は、2014 年 11 月から始まり 2020 年 7 月現在に至る、都市郊外の団地における学習環境デザインのアクションリサーチである。地域における学習環境の持続可能性を高めることを目指し、複数の多世代交流ワークショップを実施し、そこで起きた学習とは何だったのかを検討する。本研究では複数のワークショップを実施し、その内外の発話や観察データを使って多角的に分析することでこれを実現しようとした。参加・発言は自発的に行われるものであり強制されることはない。

6.3.2　対象とするフィールド

　本研究では、2014 年から東京都日野市・多摩市に跨る百草団地をフィールドとしたアクションリサーチを行ってきた。本研究で関わりを持った住民は全て 65 歳以上の高齢者であった。百草団地は 1970 年に完成した団地で、最寄り駅の京王電鉄・多摩都市モノレールの高幡不動駅から徒歩 25 分を要する高台の上に位置する。百草団地を含む日野市百草の高齢化率は 27.8 %（国勢調査 2010）で、同市平均の 20.7 % と比較しても高くなっていた。当該地区では高齢化が進む中、UR 都市機構が子連れ世帯に賃料割引する支援をしており、若年世帯の移住は積極的に促されていた。しかし、超高齢社会においては日本全体で世代間の非交流化が進んでおり、地域共同体という観点から多世代交流は喫緊の課題である。異なる世代と関わることで高齢者の学習が生起する可能性がある。

　実践の拠点としたのは、百草団地の中央、商店街（百草センター）内にある百草団地ふれあいサロン（2008 年開設、以下サロン）である。

図 6.1　百草団地ふれあいサロン

　このサロンは日野市高齢者見守り支援ネットワークの一貫として活動して
おり、既に一定の成功を収めていた。しかし、定期的な多世代交流イベント
は、プロジェクト開始当時（2014 年）都立七生特別支援学校の中学生が行う
喫茶実習のみで、世代間交流が頻繁に起こっているとは言い難い状態だっ
た。

6.3.3　研究の発端と本研究の思想的立脚点

　本研究がアクションリサーチの形式を取ることになったのには必然があ
る。サロン運営スタッフが近隣の教育施設との連携を強く希望していたこと
もあり、徒歩 10 分に位置する帝京大学八王子キャンパスとのつながりをデ
ザインすることになった。契機は偶発的な出来事によるものだった。教員で
ある筆者が帝京大学に赴任してすぐの 2014 年 11 月、学生を引率し百草
ショッピングセンター内でまちあるきを行ったことが発端である。その際、
サロンのスタッフに学生が声をかけられ、筆者とも交流が始まった。

　サロンスタッフの女性 M 氏によれば、近隣に大学があるが交流が乏しい
ため若い人に来てもらいたい、ということであった。何か関わりを創ること
を相談された筆者は、いったん持ち帰り、まずは研究予算が無くても始めら

れることから、具体的な行動に移していった。これが 2015 年 2 月からの哲学対話である。その後、いくつかの研究助成を受け、本プロジェクトは進められた。このように本研究では、常に目の前にある課題に対しどのような解決方法があるか、地域のステイクホルダーであるサロン運営代表およびスタッフと大学側（教員である筆者や学生等）がともに考えていく方法を取ってきた。

　冷水・岡本（2015）は『高齢社会のアクションリサーチ：新たなコミュニティ創りをめざして』の中で、「アクションリサーチの目的は、普遍的な法則や一般化の解を求めるのではなく、社会が直面している特定の問題や課題の実行可能な解決策を見出すことである。」と述べている。一般的な実証研究では、研究者が主体となり、課題を抱えている人間や集団を研究対象とするが、「参加型アクションリサーチ」では全てのステイクホルダーが研究プロセスに従事すると考える（冷水・岡本 2015）。本研究でも参加型アクションリサーチというスタンスのもと、サロンのスタッフとは常に、方針を検討し実践を省察する際に議論をしてきた。

　アクションリサーチは、社会の状況を理解することを通してそれを改善することを目的とする点で、一般に行われている科学研究とは異なる（Hart 1997=2000）。その評価過程は研究を外から見た客観的なものではなく、研究サイクルにおける基本的な部分（図 6.2）である（Hart 1997=2000）。

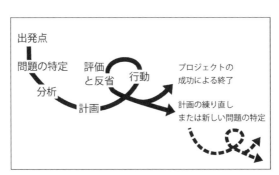

図 6.2　アクションリサーチのプロセス（Hart 1997；IPA 日本支部訳　2000）

　国内のアクションリサーチ研究を俯瞰すると、フォーカスグループインタ

ビューによる課題探索が採用されていたものもあった(e.g. 中島 2011；田嶋ら 2011；佐藤ら 2014)。しかしながら、グループでインタビューを行うフォーカスグループインタビューは、インタビュー法の 1 つであり「聞く-話す」の方向性が固定されているため、顕在する課題や思惑が拾われることも多いと考えられる。創造的な課題解決を志向するため、本研究では、関与者全てが共に学びながら探ることができるワークショップを中心とした実践を進めた。そしてその発話や事後の変化、議論などを総合的に考慮し、地域密着で生活する高齢者にとって持続可能なノンフォーマル学習環境デザインを検討した。

6.3.4　研究のステップ

　筆者が百草団地住民と接触した 2014 年 11 月から、希望する学生と共に、団地で何ができるかを検討し始めた。当時、筆者は東京大学にて高齢者の学習研究プロジェクトを推進していたため、まずはその流れでサロンでのワークショップをスタートした。

　その後、サロンのスタッフとのやりとりを経て、2015 年 10 月から 2016 年 3 月は JST-RISTEX の委託調査プロジェクトとして進めることになった。2015 年 2 月から 2016 年 3 月までは、(1)対話による学習ニーズ探索のフェーズ、(2)学習ニーズ(「健康情報」「芸術文化」「すまい方」といった 3 カテゴリ)別のワークショップ企画のフェーズ、の 2 段階の構成を用意し、実践と評価を行った。これらのフェーズの狙いは、百草団地で継続的に展開できる汎用性のあるワークショップの型を見極めるとともに、その実践者を育成する方針を立てやすくするということである。

6.3.4.1　第 1 フェーズ：対話による学習ニーズ探索のフェーズ

　まず、地域における学習ニーズを研究者と高齢者の協同で探索するため、問いを出し合う哲学対話ワークショップ「みんなで哲学」を実施した。哲学対話とは、子どもの思考力を養うために 70 年代にアメリカで始まった「Philosophy for children(子どものための哲学)」から始まった哲学教育とも

考えられるが、並行してパリの街中で哲学者と一般成人が対話を行う哲学カフェという文化も発生している。これらに通じるのは哲学者の思想を教えるのではなく、身近な問いから出発して、集団で協働し一緒にその問いについて考え、話をするものである。哲学対話の中では、話したくない人は発言を強制されないこと、誰かが話しているときに遮らないようにすること、というルールを設け、決まった時間の中で対話を行うことが特徴である（梶谷2018）。

　今回はこの手法を用い、第 1 フェーズとしてワークショップを行い、地域の高齢者が、対話や自身の学習ニーズ探索活動に慣れてもらうことを目指した。哲学対話は幼児から高齢者まで経験しやすいと言われており、特別な道具が不要なことから始めやすい実践である。そこで学習ニーズの探索という観点からも発話重視の哲学対話を導入した。研究者は、どのような問いが出されるか、また、どのように議論は深まるのかを対話の様子から確認した。ワークショップ企画・運営に際しては、哲学対話に関する実践・研究を行う梶谷真司氏（東京大学大学院総合文化研究科）、井尻貴子氏（NPO 法人こども哲学・おとな哲学アーダコーダ）が中心となった。

6.3.4.2　第 2 フェーズ：学習ニーズ別のワークショップ企画のフェーズ
　第 2 フェーズは第 1 フェーズで探索された学習ニーズに基づくワークショップを体験するフェーズである。第 1 フェーズは、ワークショップ企画を立てるのに十分な学習ニーズを得るには至らなかったが、研究助成を受けられる期間中に最大限の成果が得られるよう、限られた期間中に第 2 フェーズまで進める必要があった。そこで、先行研究および事前調査で想定された仮説的学習ニーズに基づくワークショップ企画に、限られた第 1 フェーズの期間で探索された学習ニーズを取り入れるという折衷案で第 2 フェーズの企画・準備を行った。具体的には、森ら（2017）の学習課題を参照しつつ、百草団地でインフォーマルにヒアリングし検討した住民の仮説的学習ニーズとして、「健康情報」「芸術文化」「すまい方」という 3 カテゴリを準備した。3 カテゴリを設定したのは様々なワークショップデザインの手法について高

齢者に体験し学んでもらうことも目的としたためである。

　まず、健康情報に関しては、医療従事者と市民を結ぶ「みんくるカフェ」を考案し全国で実践を展開する孫大輔氏(東京大学大学院医学系研究科、当時)、患医協働を目指しペイシェントサロンを企画運営する鈴木信行氏(患医ねっと)、認知症の改善および予防に関し「ふれあい共想法」を考案し柏で活発な実践を続ける大武美保子氏(千葉大学大学院工学研究科、当時)の協力を得た。

　次に、芸術文化に関しては、既に宮城県のえずこホール等で高齢者向け演劇ワークショップの実績がある柏木陽氏(NPO法人演劇百貨店代表)に協力を依頼した。

　最後に、すまい方に関しては、空間や活動の共有に関する知見を持ち建築家でもある成瀬友梨氏(東京大学大学院工学系研究科)から企画の助言を得た。また、地理人研究所を主催し地域情報の取得やまちあるきのワークショップを企画する今和泉隆行氏にも協力を依頼した。

6.4　結果と考察

6.4.1　第1フェーズ：対話による学習ニーズ探索のフェーズ

　2015年2月から11月まで、「みんなで哲学」を実践してきた。各回の概要は以下のようになった。

第1回

日時：2015年2月26日(木)14時〜15時30分

参加者：13人(男3女10：うち住民11人)

進行役：梶谷真司

内容：「人生の目標は何か」について対話

第2回

日時：2015年3月26日(木)14時〜15時30分

参加者：9人(男1女8：うち住民5人)

進行役：宮田舞

内容：絵本「したきりすずめ」を読んで対話

第 3 回

日時：2015 年 4 月 22 日（水）14 時〜 15 時 30 分

参加者：13 人（男 6 女 7：うち住民 7 人）

進行役：井尻貴子

内容：「うま（波長）が合うってどういうこと？」について対話

第 4 回

日時：2015 年 5 月 8 日（金）14 時〜 15 時 30 分

参加者：9 人（男 5 女 4：うち住民 7 人）

進行役：井尻貴子

内容：「年配者の自慢話」について対話

第 5 回

日時：2015 年 6 月 19 日（金）14 時〜 15 時 30 分

参加者：9 人（男 4 女 5）

進行役：井尻貴子

内容：谷川俊太郎『かないくん』を読んで「死」について対話

第 6 回

日時：2015 年 7 月 3 日（金）14 時〜 15 時 30 分

参加者：10 人（男 6 女 4：うち住民 7 人）

進行役：井尻貴子

内容：「商店街」について対話

第 7 回

日時：2015 年 8 月 5 日（水）14 時〜 15 時 30 分

参加者：13 人（男 6 女 7：うち住民 12 人）

進行役：梶谷真司

内容：絵葉書を 1 枚選んでそれに結びつけて思い出を語る

第 8 回

日時：2015 年 10 月 21 日（水）15 時〜 16 時

参加者：15 人（大学生と住民）

進行役：井尻貴子

内容：「結婚」についての対話

第9回

日時：2015年11月18日（水）15時〜16時

参加者：18人（大学生と住民）

進行役：井尻貴子

内容：「娯楽」について対話

　この後、哲学対話の中でどのようなやり取りが行われ、どのようなことが学ばれたと考えられるかについて事例を挙げて述べる。

図6.3　みんなで哲学の開催風景

6.4.1.1　事例：第3回みんなで哲学：「うま（波長）が合うってどういうこと？」

　この回では、本を持っていくのではなく参加者が問いを出し合うところから始めた。話し合いたいこととして、「うまが合う（波長が合う）とは…」、盛りあがる雑談！？」「哲学サロンのおもしろさ（意味）」、「地域コミュニティーとはなにか」、「『和風』ってなんだろう？」、「語りたいことが特にないこと」、

「人との交流、場」、「散歩について」、「友達について」、「楽しい人生をおくるには？」というキーワードが挙がったが、その中で「うまが合う（波長が合う）とは…」に決まった。まずキーワードを挙げた住民Aから発言がなされた（以下、発言中下線は筆者が分析に直接使用する箇所に付している）。

> 友達の、仲間のことを考えても、どうしても話がうまくいかない、友達がいるんですが、それは全然喧嘩するとか、全然、言い争いをするとかいうことじゃないんだけども、どうも話がかみ合わないというのがあってですね。それは何だろうかって考えることがあるんですけれども、それは、ちょっと説明できないぐらいの何か、お互いのものがあるんだろうなと思いますけど、1つの例を出すとだいぶ前ですけれども、そいつは鹿児島に転勤して、単身赴任して、それで、黒豚の肉を、家族におみやげに買ったら飛行場で、ぐるぐる回っている間に行方不明になっちゃった。へー、そんなことあるんだねと。それで、結局出てきたの。それうまかったの、とかいう風に、僕はどんどん聞いてたんですけど、そうするとそいつは、何かバカにされたみたいな感じで、気分害して、話に乗ってこなかったんですね。全然そんなことではなくて、鹿児島なら黒豚だねと、それで家族におみやげに買って、それで飛行場でそんな、ぐるぐる回る中で、誰かが持ってっちゃったのかなとか、そういう単純な関心があって、もちろん雑談になってるわけですけど、気なんだけども、彼はバカにされた、何か、笑いもの、おもしろおかしく聞かれちゃったのかなっていう感じなんですね、どうも。だから、全然そんなことじゃないんだけれども、それは、いやそうじゃないんだよっていくら説明していても、つまらないことは、解決できないと思うんだけど、そういうことってあるんだなっていうのは、あまりに小さなことの中で、なおかつ忘れられないことなんでね。つまり、うまが、それを合わないと言って良いのか、どういう考えが違うとか、突き詰めていってもなかなか答えは出ないと思うんですけど、そんなことが印象にあって。今回、皆さんも色々、何て言うんですか、うまが合わなかった感じってあるなとは、たくさんあると思うんですけれども、自治会ニュースですか、あれ見せてもらって、何もないと思うようなことを取り上げて、皆で話して云々っていうのを読ませてもらったときに、あー、ここでそんなこと考えてるんだな、もしあれだったら、こうやって出し合う、テーマを出し合うとか、それが採用されるなんて全然思ってなかったけど。まず思ったことなんですね（住民A）

　住民Aの中では「どうも話がかみ合わない」（下線部）ということが「つまらない」「あまりに小さなこと」だが「忘れられない」ことだった。「つまらないことは、解決できないと思」（下線部）っていた。なぜ「忘れられない」かの理由として「ちょっと説明できないぐらいの何か、お互いのものがあるんだろうなと思いますけど」（下線部）以降でそのエピソードを話した。それを「自治会ニュースですか、あれ見せてもらって」（下線部）参加してみよう

という動機でワークショップに来て、主体的にテーマを出してみたということである。これは参加者が、普段から1人では理解し難かったことを他人と話して解決してみたいという学習ニーズと捉えることができる。進行役から他の参加者に対して経験談が促され、住民Bが発言した。

高校時代から付き合ってる連中が私含めて8人いるんです。で、人に言うと、何か、奇跡に近いようなこと言われたこともあるんだけども、1人除いて学校全部違います。それから、学年も微妙に、同じ年生まれでも早生まれとか遅生まれでちょっと違うとか、まるっきり1つ上、丸々1つ下っていうのもいるんですね、自分基準にして。で、学校同じやも、実は隣のクラスにいたやつという。そういう意味では、とんでもないグループというか、何でって言われるけど、実は、さっき言った、私、電気関係の仕事で、アマチュア無線をやってて、そういう関係で集まった仲間なんですね。で、半世紀超えましたね、付き合いが、15のときからですから。で、いまだに、最低、正月3日には全員集合です。昔は、嫁さんと子どもも連れてきて、ちょっとある家に集まるんですけど、保育所と化していたりとか、総勢30人ぐらい、仲間8人なんだけど、嫁さん来て、子どもが来てっていうと、そこのうちの人もいるし、30人ぐらいのにぎやかな。そういうのは、いまだに付き合ってるんだからうまが合うんでしょうけども、共通の趣味とか、仕事にしてもそう、皆仕事、電気屋ですから、皆リタイアしちゃいましたけど、はんだごて振りまわして。アマチュア無線好きな連中は夜中に、海外と、英語ぺらぺらのやつもいて、海外と喋ってるやつもいましたし、色々ですけども。うまが合うっていうのを感じるとか感じないとかって以前に、もうそういう付き合いができちゃったという。とてもありがたい、誘って付き合えるっていうね。だから今、私、完全に1人でいるんですけども、それはちょっと望んでそういう状況にもなったから、別に、ちょっと余計な話になるけど、何年か前に、母親死んで、で、って話になると、1人では寂しいですねって、はーって言って、いや、やっと1人になって、とか言って、怒られるんですけどね。でも、そうやって仲間が、いつでも話ができる仲間がいるっていうのも、自分にとっては、1人じゃないっていう部分があるのかなっていうこともあって。だから、うまが合う、波長が合うっていうのは、改めて考えてみると、なんだかよくわからないと。さっき言ったみたいに、<u>短時間でそうやって色んな話ができるのもいるし、何となくそうやって、ほとんど何となくですよね、半世紀も付き合っている人もいる。</u>（住民B）

　住民Bは現在1人暮らしであるが、趣味・仕事を通じた「半世紀も付き合っている」（下線部）仲間がいるという経験を紹介した。そして、短時間でいろいろな話ができるようになるケースもあれば、何となく付き合っているケースもあるという指摘をした。

　これを受けて非住民aは、「うまが合う」というのは「自分にとって楽な

関係」なのではないかと言った上で、「自分にとっては楽じゃない人とも付き合ったりすることもある」と述べた。

> うまが合うって結局自分にとって楽な関係なのかなっていうので、相手もそれが楽っていう。でも、楽同士のコミュニケーションばっかりだと、結局、あんまり良くないから、わざとじゃないけど、あんまり自分にとっては楽じゃない人とも付き合ったりすることもあるな、みたいなことをちょっと思ったりしてました。（非住民a）

　ここから少し話が転じて、住民Cはサロンについて言及した。

> うまが合うと、ちょっと方向変えて、私の場合からいきますと、私、4つほど長い、30年、40年付き合うようなグループ持ってるんですね。まず、結婚前のお料理学校時代の友達、それはね、もう、お料理学校行って、1年間何となく遊んじゃったので、私たちもう1年やろうか、じゃあやろうと、そこからじゃあ、その頃は皆独身でしたよね。で、相手ができて、子どもが生まれて、出産して、学校行って、親の面倒見て、その間の人生皆、それぞれ。それで会う機会は3年でやっと実現したり。でも先ほどのうまが合うじゃないですけど、何かのフィーリングが合って、もうそのときに戻れちゃって。男性と違って女性は、4年でも、3時間でも4時間夜中、それも1つの、うまが合うのほうに入るのかなと。ふと今思ったんですね。それともう1つは、ここのサロンに関わって、目的が一緒ですので、確かに嫌なこともあるだろうし、意見も違うこともあるでしょうけど、でもどっかで、お互い理解して、それもうまが合うというか、理解するというか、ちょっと方向違いますけどね、そんなの1つ、ちょっと今思いました。（住民C）

　住民Cは、「何かのフィーリングが合って」付き合っている人とは別に、「ここのサロン」に関わり、「目的が一緒」だからお互い理解しながらやっている、それも「うまが合う」なのかもしれないという意見だった。

　このように、住民Aの「どうも話がかみ合わなかった」という小さな引っ掛かりの経験が、他者との対話を通じて議論される中で、住民B、非住民a、住民Cらの発話を通じて「うまが合う」っていうことはどういうことなのかという形に理解が深化していった。さらに、多様な経験を通じて、同じ言葉でも受け取り方が違うこと、人付き合いの在り方の違いも気づかれていた。20代の非住民bは、今後どのような人付き合いがありうるのか、興味深かったとワークショップ後に発言していた。

6.4.1.2 　事例：第 6 回みんなで哲学：「商店街」について対話

　この回では、「食べる」「巡り合わせ」「愛について」「若さって何だろう」「お金について」「記憶（思い出）」「お酒、楽しみ？」「商店街」の中で商店街について対話することが決まった。

> ここの団地の住人にとって、一人暮らしだと、やはり 46 年経っているというところから一人暮らしだったり、そういう方にとって、今近郊にたくさん安い大型スーパーはできていますけど、なかなか車で行くとかね、重いものを持ってくることはできないので、この商店街はすごく重要だと思われるんですけど。商店にとっては一人住まいだったり二人住まいだと消費量がすごい少ないですよね。（住民 D）

　「今近郊にたくさん安い大型スーパーはできていますけど、なかなか車で行くとかね、重いものを持ってくることはできないので、この商店街はすごく重要だと思われるんですけど」（下線部）というように商店街は重要だという指摘が住民 D から提示された。

　団地と商店街の立地から対話が進む中、非住民の「（商店街は）続かなそうと思っているような気がする」という投げかけから、「商店街は如何にして続けられるか」という問いでこの回は考えていくことになった。

　問題提起に対して、「みんな続いてほしいとは思っているけど、買い物はしていない」、「買い物をする人を増やすんじゃなくて、維持費のほうを下げたらどうか」という提案、「商店街の家賃も共にですが、ここは立地的に三大校がありますよね。α（大学）、β（大学）、γ（大学）さん。だからそういう方たちが 1 棟ぐらい全部入ってくださったら」といった案が出た。

　また、そもそも商店街が続いてほしいのは何故か、について、「閉まっているとただ単純に寂しい」「何かあったときにぱっと買いにいけるということがないので、（居住）環境が悪い」という意見が出た。

　一方、商店街である必要があるのか、商店でも良いのではないかというやり取りから、住人ではない参加者から商店街には買いものをする以外の機能があるのではないかという指摘があり、参加者に共通する気づきとなった。

> すごく面白いなと思ったのは、買う、商店街で買う以外の機能があるんじゃないかという話で、何かこう、思い出がそこにあったりとか、もう身体に染みついているものだからなくなってほしくないというような話がすごい面白いなと思って、何だろう、利益は出さないんだけど、何か誰かがいて、何かこう、心のオアシスみたいになっているような、そんな暮らし方、何かこういうことをやってみたいとか。それと、あと、利益とは別のところで何か生み出していくんじゃないのかなというふうに感じました。(非住民 c)

「今近郊にたくさん安い大型スーパーはできていますけど、なかなか車で行くとかね、重いものを持ってくることはできないので、この商店街はすごく重要だと思われるんですけど」(住民 D)、「思い出がそこにあったりとか、もう身体に染みついているものだからなくなってほしくないというような話がすごい面白いなと思って」(非住民 c)のように住民・非住民が交流し対話することで、普段当たり前だと考えられていることの本質を捉え直す活動が行われていた。住民 D によって「商店街はすごく重要」と述べられていたのが、なぜどのようにと具体的な議論に展開していた。

6.4.1.3　第 1 フェーズからの省察

　哲学対話において高齢者は「うま(波長)が合うこと」「商店街について」に代表されるように、普段考えないテーマを話そうとし、自身の思考を深めようとしていた。これらのテーマは高齢者自身の学習ニーズということになる。例えば、事例にあるように「この商店街はすごく重要だと思われるんですけど、商店にとっては一人住まいだったり二人住まいだと消費量がすごい少ないですよね。」(6.4.1.2　住民 D)といった商店街存続について考えることがこの地の高齢者における顕在化した学習ニーズの 1 つである。

　その他、哲学対話についての成果は、実施時の観察や事後の発話から下記の 3 点が挙げられる。

(1)コミュニティのまとまり

　哲学対話ではお互い率直に話して傾聴し、互いの存在を認め合っていた。6.4.1.1 の住民 A のように、互いに違っていて良いということが自然に思えるようになったようである。さらに参加した住民は，6.4.1.1 の住民 C のよ

うに、多様な人がそこに居るサロンというコミュニティを、緩やかなまとまりとして以前より強く意識するようになったと考えられる。

(2)参加者の自発性

　6.4.1.1 や 6.4.1.2 のように、その日に各自で問いを出してもらう形で進めることが多かった。何回か実践する中で、事前に自分で問いを考えてきたり、対話後にさらに考えていることがあったりして、自発的に「哲学する」ことがメンバーに見られるようになった。ワークショップ内でのテーマ決めや進行を自発的に行っているという理由から、哲学対話を主体的な学習関心や学習欲求とみなすことができ、学習ニーズであると考えることができる。また回を重ねるごとに次の対話を心待ちにする人が増えたとステイクホルダーから報告があった。当初はサロン内で他の活動(囲碁など)をしており哲学対話には参加しようとしていなかった男性が興味を持って途中から参加するケースも観察されたことから、対話の参加者もその周りにいた人も、より自発的になったようだった。

(3)多世代交流

　ほとんどの回で、非住民として大学生が少なくとも 1 人、ときに 10 人前後参加していたが、とくにサロンの人たちは、対話中に学生たち、「若い人」の意見を聞きたがった。6.4.1.1 や 6.4.1.2 における非住民の発話から、自身の気づいていない学習ニーズを発見することができるようだった。また学生たちも、高齢者の話に興味深く耳を傾けていた。お互いの立場を尊重し、双方にとって意義深い場になっていた。

6.4.1.4　第 2 フェーズの展開に向けた省察

　哲学対話は考えるきっかけとして有効だが、問題解決や多角的思考を促すため他のワークショップも試してみる必要があると考えられた。そこで、第 2 フェーズでは第 1 フェーズからの考察(1) コミュニティのまとまり、(2) 参加者の自発性、(3)多世代交流、の 3 点を生かした。具体的には、コミュニティのまとまりを壊さぬよう住民以外の人数を調整しながらも大学生など非住民の参加を呼びかけた。また、参加者の自発性を促せるよう、第 2

フェーズのテーマをステイクホルダーと相談するようにした。地域のステイクホルダーは予めサロンの運営会議や通常のサロン運営中のインフォーマルな雑談で参加者の学習ニーズを汲み取り、その上で筆者らと相談した。

　第2フェーズでは、高齢者の関心に寄り添いながらワークショップを検討していくことにした。対象となる高齢者は哲学対話において「それともう1つは、ここのサロンに関わって、目的が一緒ですので、確かに嫌なこともあるだろうし、意見も違うこともあるでしょうけど、でもどっかで、お互い理解して、それもうまが合うというか、理解するというか」(6.4.1.1 住民 C)のように自分の問題意識や意見を発言できていたことから関心事の言語化は十分できることもわかったことや、高齢者もワークショップに慣れ、この段階で今後のワークショップデザインについての目処が立った。そこで大枠として先行研究から検討した「健康情報」「芸術文化」「すまい方」という3つの学習ニーズの仮説を用意しながらも、その中に哲学対話から見えた「商店街」もテーマとしてボトムアップで組み込み、ステイクホルダーと相談しながらワークショップを企画・実施した。仮説となる学習ニーズと実態の差異を明らかにし、より一層、高齢者の現実の学習ニーズが研究者にも高齢者自身にとっても明確になることを目指した。

6.4.2　第2フェーズ：学習ニーズ別のワークショップ
6.4.2.1　健康情報グループ

　健康情報グループは、百草団地の住民およびそこに集う様々な世代の人々を対象にして、対話やワークショップなどの学習プログラムを通して、健康に関する知識と健康情報を活用する力(ヘルスリテラシー)を向上させることを目的とした。

第1回百草すこやかカフェ「家庭医とかかりつけ医の効用」
日時：2015年10月16日(金)14時〜15時30分
対象：百草団地住民21名(男性5名、女性16名)
内容：住民と医療・健康に関する専門家孫大輔氏(東京大学)が交流しなが

ら、かかりつけ医の重要性や健康・医療とのつきあい方について考えること
を通して学ぶカフェ型コミュニケーション(ワールドカフェ)を行った。

第2回百草すこやかカフェ「くすりとの賢いつきあい方」
日時:2016年1月23日(土)15時〜16時30分
対象:百草団地住民19名(男性6名、女性13名)、一般参加者6名(男性2名、
　　　女性4名)
内容:住民と医療・健康に関する専門家が交流しながら、ワークショップを
通じ、薬や薬局の有効な活用、薬とのつきあい方について考えることを通し
て学ぶことを目的とした。講演1「薬剤師が考える賢い患者になるためのヒ
ント」鈴木邦子氏(薬剤師)、講演2「プロ患者が伝授する医師・薬剤師とう
まく関わるヒント」鈴木信行氏(患医ねっと)を聞いて考えたことから漢字一
文字で講演内容を表現し、互いの考えを共有した上でディスカッションし
た。

第3回百草すこやかカフェ「ふれあい共想法ワークショップ」
日時:2016年3月2日(水)16時〜18時
対象:百草団地住民12名(男性3名、女性9名)、一般参加者3名(男性1名、
　　　女性2名)
内容:「ふれあい共想法」(大武2011)の体験を通して、認知症を予防するた
めに自分たちに出来ることを考え、主体的な態度を養ってもらうことを目的
とし実施した。まず、「ふれあい共想法について」大武美保子氏(千葉大学)
からお話を聞いたあと、ふれあい共想法ワークショップ(テーマ「断捨離」)
を体験した。

(1)健康情報グループにおけるワークショップの結果
　第1回「家庭医とかかりつけ医の効用」では、対話の中で「病気と二人三
脚で行きたい」「サロンに毎日来るのが楽しみ」「食事や趣味などで自分なり
の健康法を(考えたい)」などの声が聞かれた。学んだことを自由記述するア

ンケートからは「大病をしても前向きに明るく過ごす大切さを学んだ」、「一人一人が自分の健康に関心を持つことが必要と感じた」、「大きな総合病院に行く前に地元にかかりつけ医を見つけることの大事さが良くわかった」などの気づきが述べられていた。

第2回「くすりとの賢いつきあい方」では、参加者が表現した漢字に「伝」「相」「親」などが見られた。

第3回「ふれあい共想法体験ワークショップ」は、4人ずつグループになり、各自が事前に撮影した写真についてプレゼンし、その後コメントしあうという形式で進行した。時間制限があるためかえって会話が刺激され、多くの笑いも起きていた。

(2)健康情報グループにおけるワークショップの考察

参加人数が多かったこと、第1回の「食事や趣味などで自分なりの健康法を（考えたい）」という発言など積極的な発言の様子から一連のワークショップを通じて参加者の満足度は高かったと考えられる。第2回ワークショップ終了時には、実際に近隣の薬剤師から話を聞こう、という前向きな発言も観察された。

特に第2回・第3回は学習ニーズとしてワークショップのテーマの選定に住民の声を取り入れたこともあり、積極的に参加し発言したり質問したりする姿勢が見られた。サロンがすでに住民の交流場所として活用されており、サロンのスタッフがファシリテーターとしても機能したため、ワークショップが円滑に進行したと考えられる。

一方、3回の実践を通じ問題も見えてきた。この3回では、他地域の医療関係者・実践者を招聘する形での実践を企画したが、今後、市民が主体的に学習プログラムを企画・運営できるようにするためには、地域の医療関係者・福祉関係者との協働が必須である。そのためには、今後、行政各所や医師会・薬剤師会等に対して、地域における多世代連携プロジェクトの意義についての説明も検討すべきだと考えられる。

6.4.2.2 芸術文化グループ

　本グループでは芸術文化を中心にして人の集いを作っていくことを目指した。主に行ったのは演劇を中心とした活動であった。ワークショップの特性上、録音は行わず観察記録のみでの考察となった。なおこの実践に関しては住民と非住民の別に関するデータが欠損している。

百草団地ふれあいサロンでの「はじめての演劇」

第1回

日時：2015年7月11日（土）15時〜16時30分

対象：住民・非住民合わせて28名（男8名、女20名）

進行役：NPO法人演劇百貨店

内容：団地を歩いて演劇をつくってみる

第2回

日時：2015年11月14日（土）15時〜16時30分

対象：住民・非住民合わせて20名（男8名、女12名）

進行役：NPO法人演劇百貨店

内容：雨の日についての演劇をつくってみる

第3回

日時：2016年1月9日（土）15時〜16時30分

対象：住民・非住民合わせて19名（男8名、女11名）

進行役：NPO法人演劇百貨店

内容：お正月についての記憶を演劇にしてみる

(1) 芸術文化グループの結果

　第1回目の団地を歩いてみる活動では、商店街を歩いて演劇をつくることを行った。大学生からは「違う世代の考える事知っていることの違いなどを知ることが出来た」という意見があった。また、偶然の出来事として、第2回目のワークショップに参加した大学生の中に津軽三味線を持って来ていた非住民参加者がおり、終了後に即興演奏するということがあった。実践が進

むにつれ、サロンのスタッフから「今度はこのような題材が良いのではないか」とか「このような流れが良いのではないか」といった挙言が出てきた。

(2)芸術文化グループの考察

　第 2 回目に偶然起きた大学生の即興演奏の背景には演劇活動による場の雰囲気の温まりと信頼関係の強まりがあったと考えられる。つまり、芸術活動の意義とは、ある一つの活動であった演劇ワークショップが参加者に応じて他の方向にも機能し、例えば三味線を持っている参加者の即興演奏につながるように、別の時間や別の活動が生まれてくるという創発的な可能性を持っているということである。これは今後継続していく上で、主体的な学習活動につながる可能性を示すものとしてとても良い兆しである。

　サロンのスタッフから「今度はこのような題材が良いのではないか」とか「このような流れが良いのではないか」といった学習ニーズに関する発言が出てきたことは、自分たちが一参加者というポジションから活動全体を俯瞰し、自分たちが活動を左右する存在へと変わり始めたと捉えることができる。

6.4.2.3　すまい方グループ

　すまい方グループは、住民が、自らのすまいにより愛着を持ち、より豊かな住まい創りに貢献することを目標とした。すまい方を主体的に考え学ぶことを目的としたワークショップを 3 回実施した。このワークショップでは、参加者募集にあたり高齢者が集まらない回があった(第 1 回「百草まちあるき探検」、第 2 回「百草まちあるき探検」)。録音などは取らず成果物や事後の自由記述アンケートと観察記録をデータとした。

第 1 回「百草まちあるき探検」
日時：2015 年 10 月 21 日(水)15 時〜 16 時
場所：百草団地ふれあいサロン
対象：大学生 10 名(男性 8 名、女性 2 名)

内容：フィールドワークを通じて、百草団地の魅力を発見することを目的と
　　　し、まちあるきをした後、「お宝スポット」の共有を行った。

第2回「百草まちあるき探検」

日時：2015年11月18日（水）15時〜16時

対象：大学生8名（女性8名）、オブザーバー2名

内容：第1回目の実践を踏まえ、時間短縮と意見共有の視覚化・簡便化を狙
　　　い、フィールドワークの際、インスタントカメラで撮影することに変
　　　更した。

第3回「未来のすまい方を考える」

日時：2016年2月5日（金）13時30分〜15時

対象：百草団地住民14名（男性2名、女性12名）、一般参加者6名（男性1名、
　　　女性5名）

内容：若者と高齢者がこれからの百草団地のすまい方を共に考えることで、
　　　各自、より良いすまい方を見出せるようになることを目的とした。ま
　　　ず「百草団地の歴史」を学んだ後、「未来の間取りのアイデアを考え
　　　てみる」という課題に対し家の中のレイアウトを考えた。

(1)すまい方グループの結果

　大学生向けに実施した2回のワークショップを通じて、彼らが思う百草団
地の魅力として①文化的な要素（「保育園の壁一面に書かれた似顔絵」
「ショッピングセンターのアニメキャラクターが描かれた壁画」「そば屋とそ
ば屋のおばちゃん」等）、②物理的な要素（機能）：「公園の遊具」「歩道のベ
ンチ」「バリアフリーの手すり」等）があることがわかった。

　第3回目のワークショップでは、高齢者が若者との交流を通じて、自らの
すまい方に対して、新たによりよく暮らすための視点・観点を持つことが垣
間見られた。例えば、「現在あまりにも荷物が多いので如何にして暮らすか
を考えてみたい」や「住まいを選ぶときの日当たりの重要性（に気付いた）」
等。また「部屋の使い勝手を考える事で、普段は言葉に出にくい不便な所や
希望が出てくる所が面白い」という感想も見られた。

「皆さん抽選で入居した思い入れのあるまち、大切にしたいと思いました。」といった事後アンケートの感想もあったように、近隣の大学生や一般参加者が、百草団地の魅力や歴史を知ることで、百草団地について興味関心を持つようになった。

(2)すまい方グループの考察

第1フェーズの哲学対話では商店街がキーワードに挙がった。しかし、第2フェーズの第1回・第2回「百草まちあるき探検」には高齢者の参加を促せなかった。そこに、住民と非住民が持っている問題意識の違いが見えたと言える。このことから住民と非住民の間にある溝を埋めることは、「すまい方」という視点からは難しいと考えられた。

非住民は「すまい方」と百草団地とがリンクしにくかった。一方、住民は「すまい方」について学習しても現実の生活を改善する上では団地を運営するURとの折衝などが必要となり自身でできることが限られていると思いがちである。そのためどちらも「すまい方」学習にとりかかる動機が上がらないのではないかと実践後のヒアリングから推察された。この点は、他グループとの連携により、段階を踏んだ住民の巻き込みを実施しなければ高齢者の学習ニーズとして自覚されないと考えられる。

6.4.2.4　第2フェーズからの省察と新たな展開

3つのグループを通じて、高齢者は健康情報に関心を強く持っていること、芸術文化については主体的に取り組むというよりは企画されたものがあれば創発的な現象も起こりうること、すまい方グループについては学習ニーズが低いことが考察された。当初の仮説的学習ニーズとの間の最も大きな差異は、すまい方に関する学習ニーズが低かったことである。

JST-RISTEXの研究期間が終了した2016年3月以降、どのように活動していくかをサロンのスタッフとも話し合いを行った。

サロンではその後、大学からの進行役無しで、自主的にワークショップ「みんなで哲学」が企画され月1回開催されるようになった。進行役は，2015

年みんなで哲学に全回出席した男性 T 氏である。

　また、健康情報のワークショップに関しても、2017 年 1 月 20 日に、サロンスタッフの女性 Y 氏や M 氏が企画し、認知症予防に関連する「百草すこやかカフェ」を行った。ゲストは商店街の薬局からの紹介で薬に関する話題提供が行われた。

　このように 2016 年度は、サロンの高齢者が主体的にワークショップを企画するようになった。筆者は高齢者がワークショップデザイナーとして成長するのを後方支援するよう心がけた。これは、2015 年度のワークショップ頻度が高かったことへの反省もあるが、ワークショップデザインにおける熟達および育成研究（森 2013 b；c）の知見から、1 年の多彩な実践経験を通じて各々の学習ニーズへの気づきが促され、以降、自立した企画ができるようになっていくという見通しがあったからでもある。

　この見通し通り、複数のワークショップを経験したことで、ステイクホルダーの数名は自身の学習ニーズを自覚し行動に移したことが確認できた。また、サロンの運営会議においても、付せんや模造紙を使うなど、ワークショップ経験を生かした会議進行をするようになったという変化もあった。2015 年からは、帝京大学が公式に開催する市民講座にもサロンから数名参加者があるようになった。大学から地域にアウトリーチするだけではなく、地域の高齢者が大学を活用するような流れが生まれた。

　2016 年冬からプロジェクト開始当初の自治会長が体調不良となり、サロン運営方法も見直されることとなった。本研究も、これまでは数名のサロンスタッフと議論し進めていたが、2017 年初夏には、新たなメンバーを含む 4 人の自治会関係者とも相談する仕組みになった。これによって議決スピードは落ちたが、より多くの方と丁寧に協議する機会ができ、相互理解が深まった。

　2017 年からはワークショップ「地域の物語を演劇にする」が始まった。これは、大学生が百草団地の高齢者にインタビューをし、その内容をシナリオに起こして大学で演じ、それを高齢者の方々に観せる 5 ヶ月間のワークショップである（森 2019）。このワークショップは第 2 フェーズでの芸術文

化グループの活動に、高齢者の教育的ニーズ(Lowy & O'Connor 1986)である回顧へのニーズを勘案したものである。この実践は現在でも続き、2023年 12 月には第 7 回目の公演がなされた。

　2019 年は、東日本大震災をテーマにし、大学生にも自身の記憶を相互に聞き取らせ、同じ日に違う場所に居た人々の記憶を演劇とした。東日本大震災というテーマは、サロンのスタッフが出したものである。事前ヒアリングの際、大学との関わりを強く希望するようになった体験として、東日本大震災に関連するエピソードが出てきた。

　数年間に渡る多角的ワークショップを通じて、相互の信頼関係としてのラポールを形成してきた結果、地域における問題が明確になり、高齢者の主体性を生かしたワークショップをデザインしやすくなってきたと考えられる。

6.5　結論と今後の課題

6.5.1　結論

　本研究では、仮説であった健康情報、芸術文化、すまい方に関しては、健康情報や芸術文化に関しても学習ニーズがあったが、すまい方に関しては学習ニーズが確認しきれなかった。

　2014 年から現在までの活動を通じて、大きく 3 つの成果があった。第一に、サロンにおいてワークショップというノンフォーマル学習環境デザインができたことである。ノンフォーマル学習は、「学習として明瞭にデザインされていないが、計画された活動に埋め込まれた学習」(OECD 2011)と定義される。サロンで行ってきた活動は学習目標が明瞭にデザインされていないが、参加者には新しい気づきがあり、そこで高齢者の主体的参画意識が現れている。第二に、サロンのステイクホルダーが、自主的に問題を発見しワークショップデザインをしたり、ワークショップのテーマを見つけたりすることができるようになったことである。第三に、サロンのステイクホルダーが、地域から大学にも来訪するようになったことである。授業公開や市民講座、大学図書館の利用開放の仕組みを利用しての来校だが、きっかけがなけ

れば仕組みがあっても利用されず地域と大学は離れたままである。

　本プロジェクトによって、住民である高齢者の中にはワークショップデザインの方法について学んだ者もいる。また高齢者の多くはワークショップというノンフォーマル学習環境に主体的に参加することを学んだと考えられる。本プロジェクトでは詳細についての学習評価を行っていないが、個別のワークショップの中で知識・技術を習得した者もいると考えられる。

　本研究プロジェクトはアクションリサーチで継続中であり、今後も新たな問題が発見されたり、問題がより鮮明になったりということを繰り返していくものだと考えられる。大学と地域との関係で考えれば、協働の持続可能なモデルを模索することになる。高齢者の学習という意味で言えば、現在のステイクホルダーがワークショップデザイナーとして成長したことについては評価できるが、将来的には新たなステイクホルダーをどう巻き込んでいくか、技術や思想の伝承という問題も発生するであろう。

　高齢者のノンフォーマル学習環境をデザインする上で、住民ではない近隣としての他者という意味で大学の果たす意義は大きいと考えられる。この関わりが継続的であることは理想であるが、地域の主体性を考えた場合、関わり方を変えていくことも必要となるだろう。

　このようなケーススタディに、どのような汎用性があるのか科学的検証は難しい。これはアクションリサーチの限界である。しかし、本研究では、都市郊外の高齢化が進む団地という事例を扱っており、地域に大学がある事例は少なくない。大学における地域社会との接続は、生涯学習社会における大学の存在意義とも関わってくると考えられる。

　本研究は事例に張り付いたアクションリサーチであるが、このようなケースをモデル化すれば、他地域でも有用可能な知見となりうるだろう。

6.5.2　今後の課題

　本研究ではノンフォーマル学習環境としてワークショップのデザインを行った。日常にインフォーマル学習が生起するよう意図的なデザインを行うのは難しい。なぜなら日常における学習は、その多くが偶発性によるからで

ある。そこで、ワークショップを始めとするノンフォーマル学習を多く経験することによって、インフォーマル学習への足場かけになるのではないかというのが本研究の今後の展望である。

　例えば、今回全てのワークショップに通底する対話という習慣づけは、聞くこと・話すことだけではなく、問うこと・考えることのトレーニングとなっていると考えられる。さらに、哲学対話では、世代や立場の異なる人との対話は、既存の概念に揺さぶりをかけている様子も見られた。このような活動に面白さを感じた高齢者が、日常のサロンにおけるコミュニケーションの中で、深い対話を偶発的に行えるようになったのではないかと推察される。

　ノンフォーマル学習からインフォーマル学習への転移を逐次追うことができなかったことは本研究の限界である。こういった変容を捉えるスキームや新たな評価方法を検討すべきだと考える。この点は今後の課題としたい。

おわりに

　これまで、筆者が一貫して行ってきた研究テーマは、ワークショップ実践者の熟達についてであった。ワークショップのデザインに関して、実践者は、過去の学習経験である「学びの原風景」を通じ「個人レベルの実践論」を形成していることがわかった。熟達化の知見に基づき、ワークショップ実践者の育成について提案と実践も行った。ワークショップ実践者に関する知見が無い中で、一定の成果を収めることができたと考えている。

　この研究領域については先行する知見が多いとは言えない。そのため、本書で明らかにできなかったことも多くある。個人レベル（ミクロレベル）、実践者コミュニティレベル（メゾレベル）、実践者を含めた社会レベル（マクロレベル）、の三層から学習環境デザインを考え、今後取り組んでいくことが望ましいと考えられる研究課題について3点述べて、本書の締め括りとしたい。

(1) ワークショップ実践者の内省を促すための支援

　第一に、ワークショップ実践研究を構築し、記録と評価を結びつける仕組みを整えることである。

　広石（2005）がワークショップの学びが構成主義的な視点で捉えられる必要があると指摘したことは、実践者育成にとっても重要な意味を持つ。かつてプラグマティックに行われてきたこの活動は、徐々に鋳型を作り始めている。実践者が熟達過程において行っていた試行錯誤こそが、実践者にとっても参加者にとっても、新しい学びを創りだす原動力なのである。

　筆者は、ワークショップを評価する上で、「予期されなかった学習」（森2013a）（図7.1）に着眼する必要があると考えている。そして、それをどのように次のワークショップデザインに生かすかが、ワークショップ実践者育成の大きな課題であると考える。そのためには、学習評価と記録が重要になってくる。

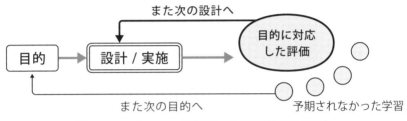

図7.1　ワークショップデザインと学習評価（森2021）

　既に実施が済んだ実践に関する資料や実践者の言動についての報告などは、実践者集団ごとに保管されているケースも多いと考えられる。実践の改善や後進育成に向けてアーカイブ化やドキュメンテーションに関心を持つワークショップ実践者も多いことが実証研究から明らかになっている。しかしながら、それらの実践者同士の交流は乏しい上、この主旨に賛同し支援する人が多いとは言い難い。その結果、データが散逸しているのが実情である。個々の実践者の努力に依存するのではなく、一括で参照できるアーカイブ作成が継続するようなシステムを考案できれば、効率的に実践活動や実践者を検索できるようになり、後進の育成にも役立てることができる。さらに、実践者のネットワークを構築する上での契機ともなりうる。これらの動きが、ワークショップ実践者の専門性への社会的認知を高めることも期待できる。

　これらアーカイブ作成やドキュメンテーションについては、図書館情報学での先行研究や、教師研究におけるエピソード収集を生かした支援研究、企業内人材育成における社内での記録共有の動きなどが参考になるだろう。それら他領域での先行実践を検討しつつ、それぞれの実践者が実践後に何らかの記録を残しそれを他者が共有し学び合えるスキームを構築していく必要が

ある。また、今後行われる実践については、ソーシャルネットワーキング
サービス(SNS)の活用なども検討されて良いのではないかと考えている。実
践の様子がわかるような写真や短い動画を共有できると良いであろう。実践
者の内省を促すためのドキュメント方法や、共有できるシステム開発の知見
が出されることが望まれる。過去の実践記録から即時的フィードバックが返
せるような仕組みが提案できれば初心者の支援にもつながる。

(2) ワークショップ実践者の協働に関する実証研究

　本書では、ワークショップデザインにおける熟達に関し、実証研究を中心
とした議論を展開した。第3章、第4章ともに、実践者の考え方や価値観が
デザインと結びついていく様子を確認することができた。だが、実践者の考
え方や価値観における変容について踏み込んだ分析を行うことができなかっ
た。加えて、本研究では実践者の熟達という、個人に視点を置いた研究を
行ってきた。そのため、経験に関する実践者本人の回顧を対象としており、
記憶や認識に個人差があることは否めない。熟達過程において実践者が何を
どのように学んだのかを捉えるには、協働の現場を見ていない点において、
十分ではない。例えば、ワークショップはチームにおける議論と、現場にお
ける形成的評価によってデザインされるケースも多く(図7.2)、その場合、
デザイン過程も、実践者の学習過程も、協働作業時におけるインタラクショ
ンが重要な意味を持ってくる。

　このような研究課題に対しては、いくつかの実践者集団を対象としたエス
ノグラフィーを行うことで、より深い分析ができるのではないかと考えられ
る。

224

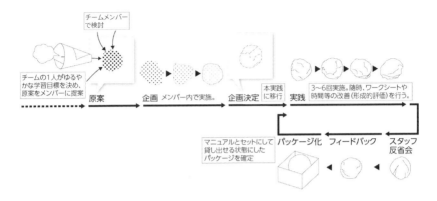

図 7.2　協働によるワークショップデザイン過程の事例
(森 2013a)

　ワークショップ実践者以外の専門職育成や企業人材育成の知見を見てみると、実践者育成方法を検討するために、多くの熟達化研究が行われている。しかし、今後、ワークショップ実践者の育成方法を考えるためには、実践者が協働で企画立案をする過程や、当日の運営(以後、ファシリテーションと呼ぶ)における協働とその認知過程について実証的な研究を行う必要がある。

　とりわけ、ファシリテーションにおける熟達は、ワークショップの趣旨をよく把握しそれに合わせた進行をする必要があることなどから、ワークショップデザインにおける熟達と切り離せない部分があることが確認できている。このようなことを踏まえ、筆者らは、ワークショップのファシリテーションに必要な知識や考え方はどのように習得されるのか、また、習得の過程は学習者が既に持っている知識や価値観とどのように関係するのかについて明らかにすることを目的とし、SCSK 株式会社が実施する CAMP ファシリテーター研修の参加者の学習過程に関する質問紙調査を行った。ファシリテーションに必要な知識や考え方を理解することと実際にその理解を行動に移すことの間にはどの程度の乖離があるのか実証的に解明する研究があれば、実践者の暗黙知に迫ることができるだろう。そこで、CAMP ファシリテーター研修の受講者に対して、理論や知識として理解することと行動することの差は当の実践者が既に持っている経験等とどのように関係しているの

かについて行動変容やエラーの観察も行ってきた。

　ファシリテーションの方法はワークショップの目的や志向性とワークショップデザインとの兼ね合いで決定されている部分が大きいと考えられる。今後は、ワークショップの目指す方向に合わせた配慮すべき特性が検討されるとともに、それらが総合的な知見として実践者育成に反映されるべきだろう。

(3) 生涯学習社会のさらなる充実に向けて

　本書においてはワークショップに対する経験差に着眼してきた。ワークショップのデザインにおいては実験協力者のワークショップ以外での経験が関係することが考えられる。とりわけ、ワークショップの特性と関連性の高い専門職に就いた経験については、そこで獲得された専門性が実践のデザインにもつながっている可能性もある。このように、ワークショップには、これまで認識されていなかった領域との接点がある可能性もあり、多くの協働、社会的貢献が期待される。

　人は、フォーマル学習以外にも様々な場面で学習経験をし続けている。これら「学びの原風景」は、一方的に教えることができる知識ではない。個々の学習経験を思い起こし、その中からワークショップデザインにつなげていくという作業が育成支援者に求められるとともに、育成対象者の学習観や経験に応じた支援方法の提案が必要だろう。

　学習観が形成される段階として、今後、初等教育の段階でのインフォーマル学習・ノンフォーマル学習の意義はますます高まっていくはずである。既に、2000 年代以降、子ども向けワークショップの普及により、学校でワークショップを開催する、児童生徒にワークショップの情報を提供するといった事例が出てきている。このような動きは、学校教育が社会と連携していくときの鍵になる活動であると考えられる。

　一方で、高齢化社会に向けて、子ども向けとしてだけではなく、成人に向けたワークショップのデザインもますます必要になるだろう。このような問題関心を持ち筆者は 2013 年から、生涯学習社会における高齢者の学習とそ

の支援に関する研究に取り組んでいる[1]（図7.3）。その成果の一部が、第6章のアクションリサーチである。フォーマル学習とインフォーマル学習との架け橋のデザインについて、実践と研究を反復しながら、今後も真摯に取り組んでいきたいと考えている。

図7.3　高齢者と小学生とが協働するワークショップ（撮影：金田幸三）

注
1　NPO法人演劇百貨店、NPO法人Collableが企画し、2013年10月19日実施したワークショップ「お話をつくるお茶の会」の一風景（於：さいたま市大宮区にあるデイサービスセンター「しあわせ三橋」）。東京大学大学院情報学環と医療法人社団医風会との共同研究の一環として実施された。

参考文献

秋田喜代美(1996)教える経験に伴う授業イメージの変容：比喩生成課題による検討. 教育心理学研究, 44, 176–186

秋田喜代美(1999)教師が発達する筋道. 藤岡完治・澤本和子(編) 授業で成長する教師, pp.27–39. ぎょうせい

秋田喜代美(2000)保育者のライフステージと危機：ステージモデルから読み解く専門性. 発達, 21(83), 48–52

Amabile, T. M. (1983) *The Social Psychology of Creativity.* Springer-Verlag, New York

Andrews, G.J. (1997) Workshops evaluation: Old myths and new wisdom. *New Directions for Adult and Continuing Education*, 76, 71–85

荒賀直子・木矢村静香・星志寿子(2003)地域看護学専攻における保健師教育の検討： 修了生の調査から. 順天堂医療短期大学紀要, 14, 230–235

荒木淳子(2007)企業で働く個人の「キャリアの確立」を促す学習環境に関する研究： 実践共同体への参加に着目して. 日本教育工学会論文誌, 31(1), 15–27

新井孝喜(1996)初任教師の授業力量の形成に関する実証的研究(1). 平成6・7年度科学研究補助金(一般研究 C)研究成果報告書

浅田匡(1998)授業設計・運営における教室情報の活用に関する事例研究：経験教師と若手教師との比較. 日本教育工学雑誌, 22, 57–69

浅田匡・生田孝至・藤岡完治(編)(1998)成長する教師. 金子書房

Benner, E. (2001) *From Novice to Expert: Excellence and Power in Clinical Nursing Practice.* Prentice Hall, upper Saddle River, NJ. 井部俊子(監訳)(2005)ベナー看護論：初心者から達人へ. 医学書院

Berliner, D. (1986) In pursuit of the expert pedagogue. *Educational Research*, 15(7), 5–13

Berliner, D. (1988) *The Development of Expertise in Pedagogy.* AACTE Publications, New Orleans

Bersch, G. & Fleming, J. A. (1997) Residential Workshops. *New Directions for Adult and Continuing Education*, 76, 51–58

Bloom, B.S. (1985) *Developing Talent in Young People.* Ballantine Books, New York

Brooks-Harris, J. E. & Stock-Ward, S. R. (1999) *Workshops: Designing and Facilitating Experiential Learning.* Sage, Thousand Oaks

Buskey, J. H. (1984) Using Technology to Enhance Learning. *New Directions for Adult and Continuing Education*, 22, 69–84

Calderhead, J. & Shorrock, S. B.(1997)*Understanding Teacher Education: Case Studies in the Professional of Beginning Teachers*. Falmer Press, London

Carré, C.(1993)The first year of teaching. In N. Bennett & C. Carré(Eds.) *Learning to Teach*, pp.124–137. Falmer, London

Cervero, R. M.(1984)Evaluating workshop implementation and outcomes. *New Directions for Adult and Continuing Education*, 22, 55–68

Chi, M. T. H., Bassok, M., Lewis, M. W., Reimann, P. & Glaser, R.(1989)Self-explanations: How students study and use examples in learning to solve problems. *Cognitive Science*, 13, 145–182

Clark, C. M. & Peterson, L.(1986)Teacher's thought processes. In M. Wittrock(Ed.) *Handbook of Research on Teaching*. Macmillan, New York

Clark, C. M. & Peterson, P. L.(1986)Teachers' thought processes. In M. C. Wittrock(Ed.) *Handbook of Research on Teaching*(3rdEd.), pp.255–296. Macmillan, New York

Cooke, B. L. & Pang, K. C.(1991)Recent research on beginning teachers: Studies of trained and untrained novices. *Journal of Teaching & Teacher Education*, 7(1), 93–110

Cooper, S. & Heenan, C.(1980)*Preparing, Designing, Leading Workshops: A Humanistic Approach*. CBI Publishing Company, Boston

Doyle, M. & Strauss, D.(1976)*How to Make Meeting Work*. Playboy Press, Chicago

Drum, D. J. & Lawler, A. C.(1988)*Developmental Interventions: Theories, Principles, and Practice*. Merrill, Ohio

Ericsson, K. A.(1996)The acquisition of expert performance: An introduction to some of the issues. In K. A. Ericsson(Ed.)*The Road to Excellence: The Acquisition of Expert Performance in the Arts and Sciences, Sports, and Games*, pp.1–50. Lawlence Erlbaum Associates, Mahwah, NJ

Ericsson, K. A. & Simon, H. A.(1993)*Protocol Analysis*(Revised Edition). The MIT Press, Cambridge

Evertson, C. M. & Smithey, M.W.(2000)Mentoring effects on proteges' classroom, practice: A experimental field study. *Journal of Educational Research*, 93, 293–304

Fisher, B. A.(1974)*Small-Group Decision Making*. McGraw-Hill, New York

Fleming, J. A.(1997)Editor's notes. *New Directions for Adult and Continuing Education*. 76, 1–4

Fox, R.D.(1984)Fostering transfer of learning to work environments. *New Directions for Adult and Continuing Education*, 22, 25–38

Freire, P.(1970)*Pedagogia do oprimido*. Paz e Terra, Rio de Janeiro. 小沢有作・楠原 彰・柿沼秀雄・伊藤 周(訳)(1979)被抑圧者の教育学. 亜紀書房

藤森立男・藤森和美（1992）人と争う．松井豊（編）対人心理学の最前線, pp.141–151. サ

イエンス社

藤岡完治・新保幸洋(1995)教員養成における授業研究コースの開発と評価．日本教育工学雑誌, 18, 123-136

藤崎春代・木原久美子(2005)統合保育を支援する研修型コンサルテーション：保育者と心理の専門家の協働による互恵的研修．教育心理学研究, 53(1), 133-145

藤原顕・遠藤瑛子・松崎正治(2006)国語科教師の実践的知識へのライフヒストリー・アプローチ．渓水社

深谷基裕・伊藤孝子・江本リナ・飯村直子・西田志穂・筒井真優美・松尾美智子・山内朋子(2008)子どもが入院する病棟の保育士と看護師との協働：保育士が専門性を発揮できないと感じる背景．日本小児看護学会誌, 17(2), 24-31

降旗千賀子(1994)美術館と市民を結ぶ「関係」を求めて―ワークショップの可能性．月刊社会教育, 38(3), 23-30

Gadotti, M. (1989) *Convite a Leitura de Paulo Freire*. Biblioteca da ECA/USP, São Paulo. 里見 実・野元弘幸(訳)(1993)パウロ・フレイレを読む．亜紀書房

Gardner, H. (1993) *Creating Minds: An Anatomy of Creativity Seen through the Lives of Freud, Einstein, Picasso, Stravinsky, Eliot, Graham, and Gandhi*. Basic Books, New York

Gibb, C. (1951) The effects of group size and of threat reduction upon creativity in a problem-solving situation. *American Psychologist*, 6, 324

Gibson, C.C. & Gibson, T. L. (1997) Workshops at a distance. *New Directions for Adult and Continuing Education*, 76, 59-69

Glaser, R. & Chi, M.T.H. (1988) Overview. In M.T.H.Chi, R. Glaser& M. J. Farr (Eds.) *The Nature of Expertise*, pp.xv-xxvii. Lawrence Erlbaum Associates, Hillside, NJ

Glaser, B. & Strauss, A. L. (1967) *The Discovery of Grounded Theory: Strategies for Qualitative Research*. Aldine Pub. Co., New York. Transaction. 後藤隆・大江春江・水野節夫(訳)(1996)データ対話型理論の発見：調査からいかに理論をうみだすか．新曜社

Halprin, L. (1969) *The RSVP Cycles: Creative Processes in the Human Environment*. George Braziller, Inc. ,New York

Hammerness, K., Darling-Hammond, L., Bransford, J., Berliner, D., Cochran-Smith, M., McDonald, M. & Zeichner, K. (2005) How teachers learn and develop. In L. Darling-Hammond & J. Bransford (Eds.) *Preparing Teachers for a Changing World: What Teachers Should Learn and Be Able to Do*, pp.358-389. Jossey-Bass, San Francisco, CA

Hare, A. (1962) *Handbook of Small Group Research*. Free Press of Glencoe, New York

Harris, E. M. (1984) Planning and managing workshops for results. *New Directions for Adult and Continuing Education*, 22, 39–54

Hart, Roger A. (1997) Children's participation: The Theory and Practice of Involving Young Citizens in Community Development and Environment Care. London: Earthscan. (木下勇・田中治彦・南博文監修　IPA日本支部訳 (2000) 子どもの参画―コミュニティづくりと身近な環境ケアへの参画のための理論と実際―萌文社)

橋川喜美代・岩崎美智子 (2005) 保育者の現職研修と大学教育. 鳴門教育大学学校教育研究紀要, 20, 37–44

波多野誼余夫・稲垣佳世子 (1983) 文化と認知. 坂元昂 (編) 思考・知能・言語：現代基礎心理学 7, pp.191–210. 東京大学出版会

八田昭平 (1989) 授業のしくみとはたらき. 東洋・中島章夫 (監修) 授業技術講座基礎技術編：1 授業をつくる　授業設計, pp.1–41. ぎょうせい

Hayes, J.R. (1989) *The Complete Problem Solver* (2nd Ed.) Lawrence Erlbaum Associates, Hillsdale

Heaton, K. L., Diederich, P. B. & Camp, W. G. (1940) *Professional Education for Experienced Teachers: The program of the Summer Workshop*, pp. 2-3. The University of Chicago Press

広井良展 (2009) コミュニティを問い直す. 筑摩書房

広石英記 (2005) ワークショップの学び論：社会構成主義からみた参加型学習の持つ意識. 教育方法学研究, 31, 1–11

久村恵子 (1997) メンタリングの概念と効果に関する考察：文献レビューを通じて. 経営行動科学, 11 (2), 81–100

Hollingsworth, S., Teel, K. & Minarik, L. (1992) Learning to teacher aaron: A beginning teacher's story of literacy instruction in an urban classroom. *Journal of Teacher Education*, 43, 116–127

堀薫夫 (2010) 生涯発達と生涯学習. ミネルヴァ書房

堀公俊・加藤彰 (2008) ワークショップデザイン：知をつむぐ対話の場づくり. 日本経済新聞出版社

保正友子・鈴木眞理子・竹沢昌子 (2006) キャリアを紡ぐソーシャルワーカー：20代・30代の生活史と職業像. 筒井書房

Hunsaker, L. & Johnston, M. (1992) Teacher under construction: A collaborative case study of teacher change. *American Educational Research Journal*, 29, 350–372

欅直美・安次富郁哉 (2005) 訪問看護の専門性を活かした地域在宅ケアの展開：訪問看護師業務の専門性を考える. 九州女子大学紀要, 自然科学, 42 (2), 17–28

生田孝至 (1998) 授業を展開する力. 浅田匡・生田孝至・藤岡完治 (編) 成長する教師, pp. 42–54. 金子書房

生田孝至・吉崎静夫(1997)授業研究の動向．日本教育工学雑誌, 20, 191–198

稲垣忠彦(1995)授業研究の歩み．評論社

稲垣忠彦・佐藤学(1996)授業研究入門．岩波書店

井上裕光・藤岡完治(1995)教師教育のための「私的」言語を用いた授業分析法の開発：カード構造化法とその適用．日本教育工学雑誌, 18, 209–217

石橋健太郎・岡田猛(2010)他者作品の模写による描画創造の促進．認知科学, 17, 196–223

石橋潔(2006)専門職化によって形成される専門領域と非専門領域：その理論的枠組み．久留米大学文学部紀要, 情報社会学科編, 2, 35–46

石井正子(2009)統合保育に関する保育者の認識：保育経験及び障害児担任経験が与える影響の分析．昭和女子大学大学院生活機構研究科紀要, 18, 51–64

石川佐世(2003)認知過程におけるリフレクションを支援する学習環境デザインの研究：ワークショップを中心として．甲南女子大学大学院論集創刊号人間科学研究編, 55–70

石川佐世(2004)探究としての共同活動(ワークショップ)における共同精神・リフレクション・ファシリテーター(教師)の役割．日本デューイ学会紀要, 45, 202–204

伊藤健次(2006)社会福祉士養成のあり方に関する一考察：地域包括センターに対する山梨県社会福祉士会会員の意識調査を通して．山梨県立大学人間福祉学部紀要, 1, 31–42

伊藤新一郎(2002)ワークショップスペースを科学館に．物理教育, 50(5), 301–302

伊藤孝子・深谷基裕・江本リナ・飯村直子・西田志穂・筒井真優美・松尾美智子・山内朋子(2008)子どもが入院する病棟における協働に向けて保育士が看護師に期待すること．日本小児看護学会誌, 17(2), 32–38

岩川直樹(1994)教職におけるメンタリング 日本の教師文化．東京大学出版会

岩田泰夫(1996)ソーシャルワーカーになっていくための過程と課題：大学におけるソーシャルワーカーの教育と課題を中心にして．総合研究所紀要, 22(1), 27–48

James, W.(1907)*Pragmatism.* Longmans, New York. 枡田啓三郎(訳)(1957)プラグマティズム．岩波書店

Johnson-Bailey, J. & Cervero, R. M.(1997)Negitiating power dynamics in workshops. *New Directions for Adult and Continuing Education*, 76, 41–50

鑑さやか・千葉千恵美(2006)社会福祉実践における保育士の役割と課題：子育て支援に関する相談援助内容の多様化から．保健福祉学研究, 4, 27–38

梶田正巳(1986)授業を支える学習指導論：PLATT. 金子書房

梶田正巳・石田勢津子・宇田光(1984)「個人レベルの学習・指導論(Personal Learning and Teaching Theory)」の探究：提案と適用研究．名古屋大學教育學部紀要, 教育心理学科, 31, 51–93

梶田正巳・後藤宗理・吉田直子(1985)保育者の「個人レベルの指導論(PTT)」の研究：幼稚園と保育園の特徴. 名古屋大學教育學部紀要, 教育心理学科, 32, 173–200

梶谷真司(2018)考えるとはどういうことか：0歳から100歳までの哲学入門. 幻冬舎

上石隆雄(1994)ソーシャルワーク教育の現状と課題：社会福祉援助技術演習を中心に. 季刊社会学部論集, 11(4), 1–23

金井壽宏(2002)仕事で「一皮むける」：関経連「一皮むけた経験」に学ぶ. 光文社

片岡了(2007)ワークショップ型学習の可能性. 月刊社会教育, 51(8), 13–20

苅宿俊文(2012a)イントロダクション ワークショップの現在：苅宿俊文・高村光太郎・佐伯胖(編)ワークショップと学び1 学びを学ぶ, pp.1–22, 東京大学出版会

苅宿俊文(2012b)昭和二十二年のワークショップ：苅宿俊文・高村光太郎・佐伯胖(編)ワークショップと学び1 学びを学ぶ, pp.243–272, 東京大学出版会

加藤文俊(2005)フィールドワークの創造力：POSTによる体験学習の試み. 日本シミュレーションゲーミング学会全国大会論文報告集, 89–92

Kennedy, M.(1999)The role of preservice teacher education. In L. Darling-Hammond & G. Sykes(Eds.)*Teaching as the Learning Profession: Handbook of Policy and Practice*, pp.54–85. Jossey-Bass. San Francisco, CA.

Kennedy, M. M.(1991)Some surprising findings on how teachers learn to teach. *Educational Leadership*, 49(3), 14–17

Kerr, S. T.(1981)How teachers design their materials: Implications for instructional design. *Instructional Science*, 10, 363–378

木田文子・武藤裕子(2006)学生の介護職意識の変化：実習経験を通して. 静岡福祉大学紀要, 2, 59–65

木原俊行(2004)授業研究と教師の成長. 日本文教出版

木村佳代・大田留美子・石川佐世・上田信行(2000)ワークショップ・デザインの新しい課題. 教育工学関連学協会連合第6回全国大会講演論文集, 527–528

Kinne, W. P.(1954)*George Pierce Baker and the American Theatre*. Harvard University Press, Cambridge

木下康仁(2003)グラウンデッド・セオリー・アプローチの実践. 弘文社

木下康仁(2007)ライブ講義 M-GTA 実践的質的研究法 修正版グラウンデッド・セオリー・アプローチのすべて. 弘文社

木下勇(1994)ワークショップによる住民参加のむらづくり・まちづくり. 平本一雄編著, 自治体・地域の環境戦略5：快適環境社会の形成. ぎょうせい

岸野麻衣・無藤隆(2006)教師としての専門性の向上における転機：生活科の導入に関わった教師による体験の意味づけ. 発達心理学研究, 17(3), 207–218

北村光子・山崎久子・大江千恵子・綿祐二(2003)介護福祉士の就労意欲に関する研究：佐世保市およびその近接地域の介護福祉士. 長崎国際大学論叢, 3, 185–193

Knowles, M. S. (1980) *The Modern Practice of Adult Education: From Pedagogy to Andragogy*. Parsippany, NJ: Pearson Education.（堀薫夫・三輪建二監訳（2002）成人教育の現代的実践―ペダゴジーからアンドラゴジーへ. 鳳書房）

向後千春（2005）ワークショップの特質と構造に関する予備的考察. 日本教育工学会大会講演論文集, 877–878

國分康孝（1992）構成的グループエンカウンター. 誠信書房

Kolb, D.(1984)*Experimental Learning: Experience as the source of learning and development*. Englewood Cliffs, Prince-Hall.

鯨岡峻（2000）保育者の専門性とはなにか. 発達, 21(83), 53–60

草信和世（2009）現代における保育者の専門性に関する一考察. 教育学研究, 8, 31–40

草信和世・諏訪きぬ（2009）現代における保育者の専門性に関する一考察：子どもと響き合う保育者の身体知を求めて. 保育学研究, 47(2), 186–195

Leavitt, P. & Mueller, M.(1951) Some effects of certain communication patterns on group performance. *Journal of Abnormal and Social Psychology*, 46, 38–50

Lewin, K. (1951) *Field Theory in Social Science*. Harper & Row, New York

Lortie, D.C.(1975) *Schoolteacher: A sociological study*. University of Chicago Press, Chicago, IL

Lowy, L. & O'Connor, D. (1986) *Why Education in the Later Years?* Lexington, MA: Lexington Books.（香川正弘・西出郁代・鈴木秀幸訳（1995）高齢社会に生きる 高齢社会に学ぶ. ミネルヴァ書房）

前信由美・長吉孝子（2003）看護師の専門職意識の把握：アンケート用紙を作成して. 看護学統合研究, 5(1), 9–16

真壁宏幹（2008）古典的近代の組み替えとしてのワークショップ-あるいは「教育の零度」. 慶應義塾大学アート・センター, Booklet 16, 112–128

松尾美智子・江本リナ・秋山真里江・飯村直子・西田志穂・筒井真優美（2008）子どもが入院する病棟の看護師と保育士との連携に関する文献検討：現状と課題. 日本小児看護学会誌 17(1), 58–64

松尾睦（2006）経験からの学習：プロフェッショナルへの成長プロセス. 同文館出版

松岡廣路（2003）生涯学習論の生成と展開. 鈴木眞理・松岡廣路（編）生涯学習と社会教育. pp.7–30, 学文社

松下圭一（1986）社会教育の終焉. 筑摩書房

McCall, M. W. ,Lombardo, M. M. & Morrison, A. M.(1988)*The Lessons of Experience*. Free Press, New York

McClusky, H. Y. (1974) Education for aging: The scope of the field and perspectives for the future. In Stanley, M. Grabowski and W, Dean Mason（Eds.）*Education for the Aging*, Adult Education Association, New York, NY

美馬のゆり・山内祐平(2005)未来の学びをデザインする.東京大学出版会

美馬のゆり(2009) 大学における新しい学習観に基づいたプロジェクト学習のデザイン.工学教育 , 57(1), 45–50

峯馨・大森智美・畠中佳織・林ひろみ(2007)母性看護実習における助産所実習の学びと意義.千葉県立衛生短期大学紀要, 26(1), 149–155

三隅二不二(1955)社会技術入門：グループダイナミクスと集団討議.白亜書房

三輪聖恵・志自岐康子・習田明裕(2010)新卒看護師の職場適応に関連する要因に関する研究.日本保健科学学会誌, 12(4), 211–220

宮寺晃夫(2003)日本の教育改革とデューイの再評価. 杉浦宏(編)現代デューイ思想の再評価, pp.223–233.世界思想社

Miyake, N. (1986)Constructive interaction and the interactive process of understanding. *Cognitive Science*, 10, 151–177

溝口禎之・辻河昌登(2009)学校教師の職業アイデンティティの危機としての「バーンアウト」と再生に関する研究.学校教育学研究, 21, 41–47

水越伸(2007)コミュナルなケータイ―モバイル・メディア社会を編みかえる. 岩波書店

水越敏行(1982)授業評価研究入門.明治図書

森玲奈(2007)学習を目標としたワークショップのデザイン過程に関する研究.東京大学大学院学際情報学府修士学位論文

森玲奈(2008)学習を目的としたワークショップのデザイン過程に関する研究. 日本教育工学会論文誌, 31(4), 445–455

森玲奈(2013a)ワークショップの評価.山内祐平・森玲奈・安斎勇樹(共著)ワークショップデザイン論：創ることで学ぶ. 慶應義塾大学出版会

森玲奈(2013b)ワークショップ実践者を育てる.山内祐平・森玲奈・安斎勇樹(共著)ワークショップデザイン論：創ることで学ぶ. 慶応義塾大学出版会

森玲奈(2013c)ワークショップデザインの熟達と実践家育成に関する総合的研究。東京大学大学院学際情報学府博士学位論文。

森玲奈(2014)日本におけるワークショップの展開とその特質に関する歴史的考察：プラグマティズムとの関連性に着眼して.教育方法学研究, 39, 49–58

森玲奈・北村智(2013)教育工学研究としてのワークショップ実践の評価に関する検討.日本教育工学会論文誌, 37(3), 309–318

森玲奈・内記麻子・北川美宏・木原俊行・小柳和喜雄・山内祐平(2012)ワークショップに関する理解向上を目的とした教員養成授業におけるコース開発.日本教育工学会論文誌, 36(Suppl.)

森玲奈(編)(2017)「ラーニングフルエイジング」とは何か：超高齢社会における学びの可能性. ミネルヴァ書房

森玲奈（2019）プロジェクト型授業におけるラーニング・アシスタント導入可能性：「教育学Ⅱ」の事例, 帝京大学高等教育開発センターフォーラム, 6, 123–133

森玲奈（2020）高齢者のノンフォーマル学習環境デザインに向けたアクションリサーチ：地域と大学との連携に着眼して. 社会言語科学, 23（1）

Munby, H., Russell, T., & Martin, A. K.（2001）Teacher's knowledge and how it develops. In V. Richardson（Eds.）*Handbook of research on teaching*. Washington, DC: American Educational Research Association, 877–904

村井尚子（2001）保育者における専門性としての「タクト」とその養成に関する一考察. 保育学研究, 39（1）, 44–51

Nadler, L. & Nadler, Z.（1977）*The Conference Book*. Gulf, Houston

中原淳・西森年寿・杉本圭優・堀田龍也・永岡慶三（2000）教師の学習共同体としてのCSCL環境の開発と質的評価. 日本教育工学雑誌, 24（3）, 161–171

中島秀之（2006）構成的情報学とAI. 人工知能学会誌, 21, 747–757

中島民恵子・田嶋香苗・金圓景・奥田佑子・冷水豊・平野隆之（2011）地域特性に即したインフォーマルケアの実践課題抽出の試み（1）―高齢化が進む大都市近郊の春日井市S地区での調査から―. 日本福祉大学社会福祉論集, 125, 103–119

中西紹一・松田朋春・紫牟田伸子・宮脇靖典（2006）ワークショップ：偶然をデザインする技術. 宣伝会議

中野民夫（2001）ワークショップ：新しい学びと創造の場. 岩波書店

中谷素之（2007）学ぶ意欲を育てる人間関係づくり：動機づけの教育心理学. 金子書房

中坪史典（2010）記録の意義の再考と園内研修における活用方法：ドキュメンテーションとエピソード記述に学ぶ. 季刊保育問題研究, 241, 20–28

中坪史典・赤嶺優子（2004）幼稚園におけるプロジェクト・スペクトラムの導入と保育者の省察（その1）. 日本保育学会大会研究論文集, 57, 402–403

南部昌敏（1995）教育実習生の内省を支援するための授業観察システムの開発と試行. 日本教育工学雑誌, 18（3/4）, 175–188

Neisser, U.（1982）*Memory Observed: Remembering in Natural Contexts*. W.H.Freeman and company, San Francisco and Oxford. 富田達彦（訳）（1989）観察された記憶：自然文脈での想起（下）. 誠信書房

西原留美子・岩崎晴子・佐久間志保子・旗手かよ子・本多洋実・山崎智美（2005）神奈川県内の社会福祉士に関する現況調査結果に見る専門職団体に求められる役割. 東海大学健康科学部紀要, 10, 49–57

錦澤滋雄（2001）歴史的変遷からみた「ワークショップ」の概念（1974–1998）. 日本建築学会大会学術講演梗概集, 197–198

落合幸子・紙屋克子・野々村典子・鈴木純恵・澤田雄二・長谷龍太郎・山元由美子・石川演美・大橋ゆかり・才津芳昭・Parry Neil D.・海山宏之・藤井恭子, 岩井

浩一(2003)教師からの授業メッセージと職業的アイデンティティとの関連．茨城県立医療大学紀要, 8, 69–77

落合幸子・紙屋克子・パリダ，マイマイティ・落合亮太・本多陽子・藤井恭子(2006)エキスパート・モデルが看護学生の職業的アイデンティティに及ぼす影響：自己効力感・評価懸念との関連からみた効果．茨城県立医療大学紀要, 11, 71–78

OECD(2011)学習成果の認証と評価　働くための知識・スキル・能力の可視化．明石書店

呉宣児(2000)語りから見る原風景：語りの種類と語りタイプ．発達心理学研究, 11, 132–145

呉宣児・南博文(2002)語りから見る原風景(3)：共同の語り・共同の原風景．九州大学心理学研究, 3, 175–186

及部克人(1993)地域の子どもを地域で祝う「大道芸術展」：ワークショップの可能性．月刊社会教育, 37(3), 43–52

岡田猛(2005)心理学が創造的であるために：創造的領域における熟達者の育成．下山晴彦(編)心理学論の新しいかたち, pp.235–262. 誠信書房

Okada, T. & Simon, H. A.(1997)Collaborative discovery in a scientific domain. *Cognitive Science*, 21(2), 109–146

岡田猛・横地早和子・難波久美子・石橋健太郎・植田一博 (2007)現代美術の創作における「ずらし」のプロセスと創作ビジョン．認知科学, 14, 303–321

Okada, T., Yokochi, S., Ishibashi, K., & Ueda, K.(2009)Analogical modification in the creation of contemporary art. *Cognitive Systems Research*, 10, 189–203

岡根裕之・吉崎静夫(1992)授業設計・実施過程における教師の意思決定に関する研究：即時的意思決定カテゴリーと背景カテゴリーの観点から．日本教育工学雑誌, 16, 171–184

Olson, M. R.(1995)Conceptualizing narrative authority. *Teaching & Teacher Education*, 11, 119–135

大浦容子(2000)創造的領域における熟達化の認知心理学的研究．風間書房

Pankowski, M. L.(1984)Creating participatory, task-oriented learning environments. *New Directions for Adult and Continuing Education*, 22, 11–24

パリダ，マイマイティ・紙屋克子・本多陽子・落合幸子(2006)臨床実習直前指導が看護学生の職業的アイデンティティに及ぼす影響．茨城県立医療大学紀要, 11, 13–21

ペク・ソンス(2005)知的活動の「場」をデザインする：「Public Café(パブリック・カフェ)」．循環型情報社会の創出を目指した協働的メディアリテラシーの実践と理論に関する研究(平成 14 〜 16 年度科学研究費補助金基盤研究(B)(2)研究成果報告書，研究代表者 水越伸，課題番号：14310071), pp.222–227

Peterson, P. L., Marx, R. W. & Clark, C. M. (1978)Teacher planning, teacher behavior and student achievement. *American Educational Research Journal*, 15(3), 417–432

Richman, H. B., Gobet, F., Staszewski, J. J. & Simon, H. A.(1996)Perceptual and memory processes in the acquisition of expert performance: The EPAM model. In K. A. Ericsson(Ed.) *The Road to Excellence: The Acquisition of Expert Performance in the Arts and Sciences, Sports, and Games*, pp.167–187. Lawrence Erlbaum Associates, Mahwah

Rogers, C.R. (1970) *Carl Rogers on Encounter groups*. New York: Harper & Row. 畠瀬稔・畠瀬直子(訳)(2007)エンカウンター・グループ：人間信頼の原点を求めて．創元社

Rowe, J. & Kahn, R. (1997)Successful ageing. *The Gerontologist*, 37 (4), 433–440

嵯峨創平(1997)地域の問題解決へ向けたワークショップからの接近法．社会教育, 5, 18–23

坂元昂(1980)授業改造の技法．明治図書

坂本篤史(2007)現職教師は授業研究から如何に学ぶか．教育心理学研究, 55, 584–596

桜井高志(1999)課題別分科会3：参加型学習の課題と可能性．開発教育, 39, 開発教育協議会, 3

Sanoff, H. (1979) *Design Games: Playing for Keeps with Personal and Environmental Design Decision*. William Kaufmann, Los Altos

佐々木睦子・内藤直子・藤井宏子(2007)母性看護学実習における実践能力習得への4キーパーソンからの影響要因．香川大学看護学雑誌, 11(1), 17–27

佐藤学(1989)教室からの改革．国土社

佐藤学(1990)現職教育の様式を見直す．柴田義松・杉山明男・水越敏行・吉本均(編)教育実践の研究, pp.234–247. 図書文化

佐藤学・岩川直樹・秋田喜代美(1990)教師の実践的思考様式に関する研究(1)：熟練教師と初任教師のモニタリングの比較を中心に．東京大学教育学部紀要, 30, 177–198

佐藤美由紀・齊藤恭平・若山好美・堀籠はるえ・鈴木佑子・岡本麗子(2014)地域社会における高齢者に対する役割期待と遂行のための促進要因：フォーカス・グループ・インタビュー法を用いて　21, 1, 25–34

三宮真智子(1996)思考におけるメタ認知と注意．市川伸一(編)認知心理学4思考. 東京大学出版会

Schmidt, M. & Knowles, J. G. (1995)Four women's stories of "Failure" as beginning teachers. *Teaching & Teacher Education*, 11, 429–444

Schön, D. A. (1983)*The Reflective Practitioner: How Professionals Think in Action*. Basic Books, New York

Schön, D. A. (1987) *Educating the Reflective Practitioner: Toward a New Design for Teaching and Learning in the Professions*. Jossey-Bass, San Francisco

関口怜子(1999)子どものためのワークショップ：仙台「Be I ビーアイ」物語．ブロンズ新社

Sfard, A.（1998）On two metaphors for learning and the danger of choosing just one. *Educational Re-searcher*, 27(2), 4–13.

Sharan, M. & Lumsden, D. B.（1985）Educational needs and interests of older learners. In Lumsden, D. B.（Ed.）*The Old Adult As Learner: Aspects of Educational Gerontology*, Washington, D.C :Hemisphere

Sherman, T.M.（1980）*Instructional Decision-making: A Guide to Responsive Instruction*. Educational Technology Publications, Inc.

Shulman, L. S.（1987）Knowledge and teaching: foundations of the new reform. *Harvard Educational Review*, 57, 1–22

冷水豊・岡本憲之(2015) 高齢社会のコミュニティにおけるアクションリサーチとは何か．JST 社会技術開発センター（編）高齢社会のアクションリサーチ―新たなコミュニティ創りをめざして―, pp.15–41, 東京大学出版会

島村幸・稲垣佳世子・中澤潤(2004)子どもへの発話に見る保育の専門性：担任保育者と教育実習生の比較を通して．日本保育学会大会研究論文集, 57, 910–911

Simon, H. A. & Chase, W. G.（1973）Skill in chess. *American Scientist*, 61, 394–403

新藤浩伸(2004)ワークショップの学習論．日本の社会教育, 48, 57–70

薗田碩哉(1994)ワークショップの仕立て方：ワークショップの基礎知識 技術と技法を考える．月刊社会教育, 49(10), 26–30

Sork, T.J.（1984）The workshops as a unique instructional. *New Directions for Adult and Continuing Education*, 22, 3–10

Sork, T.J.（1997）Workshop planning. *New Directions for Adult and Continuing Education*, 76, 5–17

Sork, T. J. & Buskey, J.H.（1986）A descriptive and evaluative analysis of program planning literature: 1950–1983. *Adult Education Quarterly*, 36(2), 86–96

Sternberg, R. J. & Ben-Zeev, T.（2001）*Complex Cognition: The Psychology of Human Thought*. Oxford University Press, New York

諏訪正樹(2004)「こと」の創造：行為・知覚・自己建築・メタ記述のカップリング．認知科学, 11, 26–36

諏訪正樹(2005)身体知能獲得のツールとしてのメタ認知的言語化．人工知能学会誌, 20, 525–532

Swafford, J.（1995）"I wish all my groups were like this one" : Facilitating peer interaction during group work. *Journal of Reading*, 38, 626–631

鈴木眞理子(2005)若きソーシャルワーカーのライフヒストリー研究：（その2)異分野

からの参入者の専門職アイデンティティ. 岩手県立大学社会福祉学部紀要, 7(2), 31–41

The LIFE Center, University of Washington, Stanford University & SRI International. (2007) Learning in and out of school in diverse environments. THE LIFE Center Report.

高田研(1996)ワークショップの課題と展望：合意形成と身体解放の視点から. 兵庫教育大学修士論文(未公刊)

高濱裕子(2000)保育者の熟達化プロセス：経験年数と事例に対する対応. 発達心理学研究, 11(3), 200–211

高橋寛人 (1995) 戦後教育改革と指導主事制度. 風間書房

高橋直裕(1990)美術館ワークショップの可能性. 月刊社会教育, 34(11), 33–40

高島邦子(1993)20世紀アメリカ演劇史：アメリカ神話の解剖. 国書刊行会

田嶋香苗・中島民恵子・金圓景・斉藤雅茂・冷水豊・平野隆之(2011)地域特性に即したインフォーマルケアの実践課題抽出の試み(2)―福祉でまちづくりを目指す高浜市での調査から―. 日本福祉大学社会福祉論集, 125, 121–134

田中一生(1975)新任教師の職業的社会化過程：学校組織論的考察. 九州大学教育学部紀要, 20, 137–151

谷口智彦(2006)マネージャーのキャリアと学習：コンテクスト・アプローチによる仕事経験分析. 白桃書房

Thelen, H. A. (1949) Group dynamics in instruction: principles of least group size. *Scholastic Review*, 57, 139–148

勅使河原隆行・佐藤弥生(2008)在宅ケアサービスにおける介護福祉士の専門性の研究. 保健福祉学研究, 6, 83–98

徳舛克幸(2007)若手小学校教師の実践共同体への参加の軌跡. 教育心理学研究, 55(1), 34–47

津守真(1997)保育者の地平. ミネルヴァ書房

鶴見俊輔(2008)アメリカ哲学. こぶし書房

上田信行・松本亮子・森秀樹(2006)ワークショップ実践家育成の試み(2). 日本教育工学会第22回全国大会講演論文集, 1027–1028

上田信行・森秀樹 (2005) ワークショップ実践家育成 の試み (1). 日本教育工学会第21回全国大会講演論文集, 365–366

海口浩芳(2007)保育者養成における専門性確保の問題：保育者は「専門職」たりえるか. 北陸学院短期大学紀要, 39, 35–44

宇都宮みのり(2004)大学と現場を結ぶスーパービジョン・システムの可能性：卒業生による相互サポート活動の分析を通して. 東海女子大学紀要, 23, 21–34

Weintraub, H. & Ueda , N. (2000) Socially shared playful constructionism: improvisation in the kitchen. 子ども学, 2, 143–144

Weisberg, R. W. (1986) *Creativity: Genius and other myths.* Freeman. 大浜幾久子(訳)(1991) 創造性の研究. メディアファクトリー

Will, A, M (1997) Group learning in workshops. *New Directions for Adult and Continuing Education,* 76, 33–40

Wloodkowski, R.J. (1997) Motivetion with a mission: understanding motivetion and culture in workshop design. *New Directions for Adult and Continuing Education,* 76, 19–31

八木正一(1991)音楽の授業における教師の意思決定に関する一考察. 埼玉大学紀要教育学部(教育科学Ⅱ), 40(1), 43–52

山口桂子・佐野明美・服部淳子・野口明美・浅野みどり・森節子・江見たか江・高坂久美子・横山京子・舟島なをみ(2005)小児医療における医師と看護師の協働に関する問題：協働を妨げる看護師側の要因. 愛知県立看護大学紀要, 11, 1–9

山川ひとみ(2009)新人保育者の1年目から2年目への専門性向上の検討：幼稚園での半構造化面接から. 保育学研究, 47(1), 31–41

山内祐平・森玲奈・村田香子・北川美宏(2009)ワークショップファシリテーター研修における参加者の学習過程. 日本教育工学会第25回全国大会講演論文集, 661–662

山内祐平(2013)教育工学とインフォーマル学習. 日本教育工学会論文, 37(3), 187-195.

山﨑準二(2002)教師のライフコース研究. 創風社

山住勝広・氏原良子(1999)新任教師の語りと成長：ライフヒストリー・インタビューによる教師の専門性発達研究(1). 大阪教育大学教育研究所報, 34, 23–38

安田真美・山村江美子・小林朋美・寺嶋洋恵・矢部弘子・板倉勲子(2006)看護・介護の専門性と協働に関する研究 第2報：介護保険施設に従事する看護師への質問紙調査を通して看護の専門性について考える. 聖隷クリストファー大学看護学部紀要, 14, 117–126

安見克夫・秋田喜代美・鳥井亜紀子・小林美樹・寺田清美(1997)1年間の保育記録の省察過程(1)：拒否的表現をするR児を捉えて. 日本保育学会大会研究論文集, 50, 280–281

Yokochi, S., & Okada, T. (2005) Creative cognitive process of art making: A field study of a traditional Chinese ink painter. *Creativity Research Journal,* 17, 241–255.

横地早和子・岡田猛(2007)現代芸術家の創造的熟達の過程. 認知科学, 14(3), 437–454

横山文樹(2004)保育者の専門性に関する考察：保育者と子どものかかわりの視点から. 學苑, 765, 62–71

吉田弘美・佐藤真由(2002)4年制課程における介護福祉教育に関する一考察：学生の意識調査より. 保健福祉学研究, 1, 97–109

吉田健(2001)移動ミュージアム参加者に関する調査：展示活動・ワークショップを中

心に．日本教育工学雑誌, 25 (Suppl.), 7–12

吉田貞介(1999)中堅教師として成長する．藤岡完治・澤本和子(編)授業で成長する教師, pp.51–60. ぎょうせい

吉村香・田中美保子(2003)保育者の専門性としての幼児理解―ある保育者の語りの事例から．乳幼児教育学研究, 12, 111–121

吉富美佐江・舟島なをみ(2007)新人看護師を指導するプリセプター行動の概念化：プリセプター役割の成文化を目指して．看護教育学研究, 16(1), 1–14

吉崎静夫(1983a)授業設計過程における教師の意思決定：茨城県下館小学校の年間指導計画を事例として．教育評価展望, 1, 38–46

吉崎静夫(1983b)授業実施過程における教師の意思決定．日本教育工学雑誌, 8, 61–70

吉崎静夫(1987)授業研究と教師教育(1)：教師の知識研究を媒介として．教育方法学研究, 13, 11–17

吉崎静夫(1991)授業研究と教師教育(1)：教師の知識研究を媒介として．教育方法学研究, 13, 11–17

吉崎静夫(1998)一人立ちへの道筋．浅田匡・生田孝至・藤岡完治(編)成長する教師, pp. 162–173. 金子書房

湯本浩之(2007)参加型学習の系譜：戦後の国際開発における「参加」を手がかりに．開発教育, 54, 23–38

謝辞

　本研究は多くの方の助言・指導・協力があってこそできたものです。お世話になった皆様に、御礼申し上げます。特に、多くのワークショップ実践者の方の協力があったからこそ、調査を成し遂げることができました。研究成果を実践者の皆様に役立てていただけるよう、その方法についても今後模索していきたいと思っています。本書がそのきっかけの1つとなればと思っております。

　本書は2013年に提出した東京大学大学院学際情報学府博士学位論文『ワークショップデザインの熟達と実践家育成に関する総合的研究』を元に、一部改稿を加えた初版（2015年刊行）に加え、新たに行った実践研究を1章分追加した改訂版になります。

　博士論文を審査していただきました、岡田猛教授（東京大学大学院教育学研究科）、水越伸先生（当時、東京大学大学院情報学環教授）、佐倉統教授（東京大学大学院情報学環）、中原淳先生（当時、東京大学大学総合教育研究センター准教授）に感謝いたします。丁寧にご指導いただき、多くの助言をいただきました。ありがとうございました。指導教員である山内祐平教授（当時、東京大学大学院情報学環准教授）には、学生の時分より、お世話になりました。教育に関する研究をする上での姿勢について学ばせていただいたと感じております。未熟ではありますが、東京大学大学院学際情報学府で学ばせていただいたことを誇りに感じています。今後も、大学院で経験したことを糧に研究を続けていきたいと考えています。

　この本ができるまで、丁寧に伴走してくださったひつじ書房の森脇尊志さんにも御礼を申し上げます。温かい本づくりに触れることで、とても良い経験ができました。また、本書内の図版デザインに関わってくださった今和泉隆行さん、猫田耳子さん、田中美沙妃さん、写真提供でご協力くださった金

田幸三さんにもお礼を申し上げます。

　末筆ながら、以前の職場であった情報学環・福武ホールスタッフの皆様、出身研究室である山内研究室の皆様、プロジェクトメンバー、大切な友だち、そして家族に謝意を表したいです。皆様に見守られ、恵まれた環境で研究を続けられたことを、とても嬉しく思っています。

【著者紹介】

森玲奈（もり れいな）

帝京大学共通教育センター准教授。早稲田大学総合研究機構研究院客員教授。東京大学大学院学際情報学府博士課程満期退学。東京大学大学院情報学環特任助教、帝京大学高等教育開発センター講師、帝京大学学修・研究支援センター講師、准教授を経て2020年より現職。2023年より早稲田大学総合研究機構研究院客員教授に着任。博士（学際情報学）。1977年12月東京都杉並区生まれ。専門は教育学、生涯学習。学び続ける人とそれを包み込む社会に関心を持ち、生涯学習に関する研究と実践を続けている。2008年度日本教育工学会研究奨励賞受賞。2019年気象庁長官賞受賞。2021年度徳川宗賢賞萌芽賞受賞。主な著作に『「ラーニングフルエイジング」とは何か：超高齢社会における学びの可能性』（共著、ミネルヴァ書房）、『ワークショップデザイン論：創ることで学ぶ』（共著、慶應義塾大学出版会）。

ワークショップデザインにおける熟達と実践者の育成
第2版
Expertise in designing workshops and the direction
of human resources development, Second Edition
MORI Reina

発行	2024年3月29日　第2版1刷
	（2015年2月16日　初版1刷）
定価	3000円＋税
著者	© 森玲奈
発行者	松本功
装幀	大崎善治
印刷・製本所	日之出印刷株式会社
発行所	株式会社 ひつじ書房
	〒112-0011　東京都文京区千石2-1-2 大和ビル2F
	Tel.03-5319-4916　Fax 03-5319-4917
	郵便振替 00120-8-142852
	toiawase@hituzi.co.jp　https://www.hituzi.co.jp/

ISBN978-4-8234-1236-3

—— 刊行物のご案内 ——

ワークショップをとらえなおす
加藤文俊著　定価 1,800 円＋税

サイエンスコミュニケーションと
アートを融合する
奥本素子編　定価 5,000 円＋税